跨文化交际及其能力培养研究

罗昊玭　尹　娜◎著

吉林出版集团股份有限公司

图书在版编目（CIP）数据

跨文化交际及其能力培养研究 / 罗昊玭，尹娜著. -- 长春：吉林出版集团股份有限公司，2024.2

ISBN 978-7-5731-4639-7

Ⅰ. ①跨… Ⅱ. ①罗… ②尹… Ⅲ. ①文化交流—研究 Ⅳ. ①G115

中国国家版本馆 CIP 数据核字（2024）第 051080 号

跨文化交际及其能力培养研究

KUA WENHUA JIAOJI JI QI NENGLI PEIYANG YANJIU

著　　者　罗昊玭　尹　娜

出版策划　崔文辉

责任编辑　侯　帅

封面设计　文　一

出　　版　吉林出版集团股份有限公司

（长春市福祉大路 5788 号，邮政编码：130118）

发　　行　吉林出版集团译文图书经营有限公司

（http：//shop34896900.taobao.com）

电　　话　总编办：0431-81629909　营销部：0431-81629880/81629900

印　　刷　廊坊市广阳区九洲印刷厂

开　　本　710mm×1000mm　1/16

字　　数　216 千字

印　　张　13.25

版　　次　2024 年 2 月第 1 版

印　　次　2024 年 2 月第 1 次印刷

书　　号　ISBN 978-7-5731-4639-7

定　　价　78.00 元

前　言

随着经济全球化的发展，各国之间的交流变得日益密切。在人们开始参与和学习不同国家的文化活动时，跨文化交际便成了一种普遍的交际行为。同时各个国家之间的文化背景不同，存在着一定的文化差异，在实际交际过程中难免会产生各种各样的问题。所以，如何了解不同文化形态、化解文化差异并解决文化冲突，就成了跨文化交际的关键。

当前，我国跨文化交际研究的现状并不是十分理想，主要表现在跨文化交际研究在我国还未成为主流的学术研究。同时也应看到，全球化的力量势无可当，全球化的产物比比皆是。跨文化交际学在我国是一门新兴的学科，发展迅速，参与的学者、教师越来越多，这是十分可喜的。

国际金融贸易飞速发展，中西方的文化交流占据了合作的重要部分。中西方文化上的差异，使跨文化交际过程中时常发生矛盾和冲突，阻碍世界经济、文化交流和科技创新合作的脚步。因此，我们要进行跨文化交际，就要先了解中西方的文化差异，避免跨文化交际中的难题，促进自身跨文化交际能力的提升。

本书总结了跨文化交际理论研究和教学实践的经验，为国内同类研究在理论上提供了研究线索，在实践上提供参照模式和参考数据，以求抛砖引玉，促使更多的有志之士致力于跨文化交际理论和教学实践方法的研究。

目　录

第一章　跨文化交际概述

第一节　文化与交际

一、文化

（一）文化的定义

对于文化定义的讨论在国内外都引起了极大的兴趣，延续的时间也很久，对文化概念的表述更是争论不休，但对于文化到底是什么，至今也没有确切的结论。一般来说，狭义上的“文化”是指人类精神活动中产生的信念、价值观念、习俗、知识等。广义上来说，“文化”不仅包括精神财富，还包括人类生产生活中所产生的物质财富。

在中国，“文化”一词古已有之，但它的含义与现代的理解有别，指与“武力”相对的文德教化。如汉代刘向《说苑·指武》：“圣人之治天下也，先文德而后武力。凡武之兴，为不服也；文化不改，然后加诛。夫下愚不移，纯德之所不能化，而后武力加焉。”又如晋代束广微《补亡诗·由仪》：“文化内辑，武功外悠。”《文选》李善注：“言以文化辑和于内，用武德加于外远也。”而在词源学方面多追溯于《周易·贲卦·象传》：“小利有攸往，天文也；文明以止，人文也；观乎天文以察时变，观乎人文以化成天下。”再至南齐王融《三月三日曲水诗序》，“设神理以景俗，敷文化以柔远”。“文”的含义，《易·系辞》曰：“物相杂，故曰文。”有错杂、纹路、物迹的意思，后发展为一种装饰审美、道德修养的意向；“化”有教育、变化、使有序等含义。因此，“文化”最初是指把错乱的事物进行改进修缮使之有序化，后发展为德行修养、人文教化等引申义。

西方真正现代意义的文化研究始于19世纪后期，爱德华·泰勒将文化与文明合二为一，指出所谓文化和文明乃是包括知识、信仰、艺术、道德、法律、习俗以及包括作为社会成员的个人而获得的其他任何能力、习惯在内的一种综合体。“文化”不是某一个人、某一阶级的专利，而是以潜移默化的方式影响该文化群体中的每一个人，即文化人。“综合体”则意味着求同存异、兼收并蓄，是全社会知识、信仰、艺术、道德、法律、习俗等精神文明成果在解除与碰撞中化整为一的结果。不过这种整体“大杂炒”式的定义受到了一定挑战，克利福德·格尔茨认为这种定义的模糊之处大大多于它所昭示的东西，容易将文化概念带入模糊笼统的困境；文化应该是这样一些由人自己编织的意义之网，对文化的分析不是一种寻求规律的实践学科，而是一种探求意义的解释科学。另外，有学者认为文化影响群体中的每一个人，却不等于群体中的每一个人对文化有着完全相同的理解和运用，泰勒这种将文化设定于精神层面之上的定义，剥离了物质层面的影响。当然，泰勒的文化定义，过多强调精神方面的文化，却未包含物质文化。物质文化不是文化本身，而是文化行为的产物。但是因为存在着非物质性文化，而它的前提是存在着物质性资料，所以把物质性要素从文化范围内排除出去是不可能的。

不同时期的各界西方学者都对文化做过探讨，其中人类学家——特别是文化人类学家特别重视对文化的讨论，探讨最深的当推人类学家阿尔弗雷德·克鲁伯和克莱德·克拉克洪。他们在1952年发表了一本专门研究文化定义的著作《文化概念与定义评述》。在书中，他们收集了1871年之后半个多世纪中各学科的专家、学者对于文化所下的近三百个定义，对于“文化”一词的意义做了历史性的回顾，并对各种不同的定义作了评述。他们认为，所谓文化指的是历史创造的多样的生活样式，包括显性的和隐性的，包括合理的、不合理的以及谈不上合理的或不合理的一切，它们在某一时期作为人们行为的潜在指南而存在。在这里他们指出文化具有相对性和文化作为人们行动的指南这两个重要概念。尽管此书出版在六十多年之前，它的影响一直持续至今。人们仍然经常引用他们的论点。可以说，直到目前仍然没有任何一本书能够超过他们对于文化定义的论述。

我国学术界对于文化也有过不同的界定。有的定义比较宽泛，例如梁漱溟认为文化是生活的样法，是人们生活所依赖的一切。有的定义比较狭窄，例如，陈独秀认为文化的内容是文学、美术、音乐、哲学、科学这一类的事。文化属于人类创造的精神财富和物质财富，人性具有的共性就使得人们能共享这些财富。然而正如孔子所说的“性相近，习相远”，人性固然相通，但“习相远”导致了文化的差异。因此，在达到有效跨文化交际之前，我们必须了解别人的文化，克服文化差异所产生的障碍，这对于汉语国际教育的学生来说尤为重要。

（二）文化的特性

不同学科的学者从他们不同的角度提出自己对文化的看法，力求找到一个全面的能够概括一切的定义，虽然各有侧重，但是细致分析起来，这些定义之间还是存在着不少共同点。从这些定义中我们可以了解文化究竟为何物，也认识到文化具有复杂性的一面。归纳起来，文化的特性有以下五点：

1. 文化并非先天所有，而是通过后天习得的

文化具有传承性，但不是生理的遗传，而是后天的习得。一个人具有什么文化并不取决于他的种族，而是取决于他生活的环境。美国文化人类学家基辛曾指出，通过文化学习，一个婴儿可以变成部落民，或印第安农夫，或纽约曼哈顿公寓里的居民。既定的文化犹如空气弥漫、渗透在人们的日常生活中，影响着一个人对语言、习俗、风尚、信仰的习得。

2. 文化是人们行动的指南

文化的每一个环节都规定着我们的生活，人们的衣食住行无不在文化的约束之中。吉尔特·霍夫斯泰德曾把文化比作心灵的软件，支配着人们的行动。比如，我们的饮食习惯就是文化决定的，人感到饥饿是生理现象，但是什么时候吃、吃

什么、怎样吃则受文化制约。中国人爱吃鸡爪，认为鸡爪美味有嚼劲，更为其改名为凤爪；在西方，人们爱吃鸡胸肉，不爱吃鸡的内脏和爪子，认为鸡爪很脏，更不能理解鸡爪的美味。这便是文化差异造成的，不同国家的人们头脑中都有一套文化规范，指引着人们在其所在的文化圈内正常地生活。

（三）语言与文化的关系

语言与文化有着密不可分的关系。语言是文化的载体，也是人们认识世界的一种途径，要真正理解或研究一种文化，必须掌握作为该文化符号的语言；而要习得和运用一种目的语，必须同时学习该语言所负载的文化。在跨文化交际中，对目的语的文化了解越多，越有利于语言交际能力的提高。语言与文化的关系，归纳起来有以下几点：

1. 语言是文化的重要组成部分，语言与文化是部分与整体的关系

语言和文化都在社会发展过程中形成，都是在人们出生以后在一定环境中获得的。一种文化不可能没有与其相对应的语言；抽去了文化内容，语言也不能独立存在。萨丕尔强调，没有语言，我们就不会有政治、经济、宗教和军事的组织，没有礼仪和道德规范，没有法律，没有科学、神学和文学，除了猿猴水平的嬉戏外，不会有游戏和音乐。美国语言学家大卫·哈里森指出，在地球上平均每两个星期就消失一种语言的现况下，人类失去的不仅仅是说这种语言的群体，还有人类关于数学、生物、地理、农业、心理和语言学等领域的常识。

2. 语言是用于记录文化的符号体系，是文化的主要载体

语言是交际和思维的最重要工具，而文化的创造和发展离不开人的思维活动和社会成员之间的交际。所以，正是由于人类有了语言，人类知识才得以积累，文化才得以传承。在没有文字的社会，人们通过口头将自己的经验、知识、信念、观念等传于后世；在有文字的社会，人们通过各种著作、法规、经典、文学艺术等将文化代代相传。

3. 语言和文化相互依附、促进和制约

文化的发展必然带动语言的发展，如随着现代高新技术的发展，出现了一系列代表新事物的词语，如“克隆、电脑、激光、手机”等，都是之前的语言中所没有的。语法同样也受到文化的影响，“五四运动”以后，汉语受到西方语言的影响，在句法结构方面出现了一些新的特征，例如汉语的从句中出现了后置的情况。还有现代社会中，人们发展趋向类型化，形成对某类事物的文化意识，出现了“很男人”“很绅士”“很淑女”“很中国”等“很 +N”的格式，这在以前的汉语语言规则系统中都是不成立的。语言的发展也促进文化的交流与发展，萨丕尔甚至认为语言决定了我们对于社会问题和社会过程的一切想法。

另一方面，文化与语言也在相互制约，不能很好地掌握一种语言，就无法深入理解、体会语言运用规律的差异，从而制约跨文化交际中语言的理解和表达。例如，汉语把颜色分为七色，有的语言则只有五色或三色，显然这类语言对颜色文化的认识不如前者丰富，而要发展其对颜色的认识就必须增加有关颜色的词。

二、交际

（一）交际的定义和构成要素

作为一项双向性活动，其等级意味亦不明显。在英语中，“交际”可以有两种表述：一是 social intercourse，强调它的“社会性”（social）；一是 communication，突出它的“交际性”。而 communication 来源于拉丁语 commonis 一词，commonis 是“共同”（common）的意思。因此，“交际”这一概念与“社会共同”“社会共享”密切相关。事实表明，只有同一文化的人们在行为规范方面具有共性，或交际双方共享某一文化规范，才能进行有效的交际。跨文化交际是不同主流文化的人们之间的交际，当然要求双方互相理解或遵循对方的文化，只有这样，才能保证交际达到预期目标。

语言交际在本质上属于信息传播，由一个动态的系统构成，必须具备构成系统的基本要素：首先需要有交际主源，即信息的发出者；其次要有信息的接收者。在交际主源发出信息前需要对所要表达的信息进行编码，然后通过一定的传播渠道克服各种干扰的影响传输给接收者。接收者接收到信息后对信息进行解码理解，然后向交际主源做出反馈。

1. 交际主源

交际主源指信息发出者，即具有交际需要和愿望的具体的人。“需要”是指希望别人对自己作为个体而存在的认可，或改变别人的态度和行为的社会需要；“愿望”指试图与别人分享自己内心世界的欲望。从语言交际来看，交际主源是产生或激发了与不同文化背景的人交流的需要。

2. 编码

编码指交际主源依据社会、文化和交往规则，运用某种语言的词法、句法等规则对语码进行选择、组合和创造信息的过程，即思想转化成符号的过程。内心想法是不能直接与别人分享的，因此我们必须依赖符号或非言语符号来表达，因此编码是一种心理活动。从跨文化语言交际来看，交际主源总是根据某种特定的社会、文化和交往规则来进行语言符号编码的。错误的编码，尤其在使用不熟悉的第二语言的时候，常常会造成交际冲突。

3. 信息

信息是被编码的思想，是交际主源编码后的结果。信息是交际个体在某一特定时空的心态的具体写照，因此就面对面的交谈而言，除了语码之外，还伴随着很多交际个体的非言语的信息，以及交际环境的信息。从跨文化语言交际来看，信息就是一个由语码、非言语信息及交际环境信息整合而成的综合体，其中渗透了某种特定的社会、文化密码。

4. 通道

通道是把信息源和信息接收者连接起来的物理手段或物质媒介，即用什么样的方式将编码的思想传递出去，比如面对面交流、电话交谈、写信、邮件往来等，也有用肢体语言来表达的方式。从跨文化语言交际来看，面对面交谈是最常见、最主要的形式，是通过听觉和视觉途径传递信息的最直接、最有效的方式。

5. 干扰

干扰是影响信息传递的各种因素及其组合的统称。任何交际都不是在真空中进行，干扰是交际存在的自然状态。干扰总体上可以分为三种：外部干扰、内部干扰和语义干扰。外部干扰主要是指交际的外部物理环境对交际过程的影响，如噪声等；内部干扰则是指信息源和交际对象在解读对方信息的过程中由于其思维方式、注意力、思想集中度的不同而对交际产生的各种影响，语义干扰则主要来自语言本身，主要指信息的模糊，比如汉语中的同音字等。

个人和社会的交际方式都难免受到制约交际的“文化规约”影响。在跨文化言语交际中，对文化解码的困难会造成文化误读，甚至交际中断和失败。

6. 接收者

接收者指信息接收者。信息接收者与交际主源之间的连接可能是有意识的行为，接收者觉察到信息源的行为，作出反应，双方就建立了联系；双方的联系也可能是无意间建立起来的，信息接收者也可能由于偶然的机遇而截获或感知到进入渠道的信息源行为。无论哪种情况，信息总是以刺激人们感官的形式出现，通常以听觉或视觉的形式刺激信息接收者，激起信息接收者的反应行为。从跨文化交际来看，信息接收者与信息传播者是来自两个不同文化圈的交际主体。

7. 解码

解码是信息源发出信息的交际对象对信息的拆装，是一个对信息加工并积极寻求和赋予信息一定意义的心理过程。信息接收者在解码过程中，除了理解语言符号，还要解释附加的文化信息，从而准确解码。

从跨文化语言交际来看，由于交际双方属于不同的文化圈，因此在解码过程中必然会进行“文化过滤”，即通过自身的文化代码系统来解释所接受的信息，若对对方的文化符号不熟悉或不理解，产生误解甚至冲突在所难免。比如，我们在发音解码上的误解随处可见：

一房客与房东讨论熬夜秘诀时，他说常吃 Snack（零食）让他保持头脑清醒、精神集中，不料被房东听成他常在房里吃 Snake（蛇），以为他每天偷偷在卧室养一堆蛇，杀了吃蛇肉，立即被吓得目瞪口呆。

8. 反馈

反馈指信息接收者对所接收的信息采取的相应的行为选择。接收者可能对信息源行为听而不闻，视而不见，不采取任何行动；也可能立即作出反应而采取相应的行动。反馈行为表现为对对方陈述的评价，对对方疑问的应答，对对方要求的表态。如果信息接收者采取的行为符合或接近信息传播者的预期，那么交际是成功的；反之无效。从跨文化交际来看，信息接收者的反馈与信息传播者的预期是否接近，取决于双方对彼此社会、文化和交往规约的熟悉程度和语用策略的运用能力。

（二）交际的种类

交际可分为人类交际与非人类交际。人类交际有社会交际与非社会交际之分，非社会交际即内向交际，社会交际则可细分为人际交际、组织交际和大众交际三种。

内向交际，又称自我交际，指的是一个人自己脑子里的自我交流活动或者是自言自语。表面上看是一个人，但也是一个交际的过程，其中包括了信息的发出和接收两个方面。自我交际一般是心理学研究范畴，跨文化交际一般较少讨论自我交际。

人际交际，即个人与个人之间的信息传播活动，也是由两个个体系统相互连接组成的信息传播系统。人际交际是两个行为主体之间的信息活动，是一种最典型的社会交际活动，也是人与人社会关系的直接体现。包括两个人之间的面对面交谈、电话交流、书信往来、小组讨论、大会演讲、电子邮件沟通等。

组织交际是指在学校、公司、工厂、军队、党派等内部的信息交际。例如，机关内部的通报、学校的通知、公司部门的产品演示、部队首长讲话都是组织传播。学校、军队等组织是一个结构秩序更为严密的社会结合体，有着更为明确的目标、制度和纪律，有着严格的分工和统一的指挥管理体系，这类交际有其独有特点。

大众交际是指职业化的传播结构利用机械化、电子化的技术手段向不特定的多数人传送信息的行为或过程。例如，报纸杂志、广播电视、网络自媒体等发布的各种信息等。

人际交际、组织交际和大众交际在手段、规模、空间、周期、角色、反馈以及符号的运用方面存在许多差异。

国际汉语教师在海外首先面临的是人际交际，需要与所接触的各类人打交道，电子邮件、电话、面谈将成为最核心的三种交际形式；而作为国际汉语教师群体，作为国家汉办统一派出的汉语志愿者，国际汉语教师在很多场合需要参与国家汉办、孔子学院、目的国学校等内部的信息交流。在信息化的今天，汉语志愿者还能通过个人的微博、博客、微信公众号等推送分享个人的汉语教学经验、海外任教心得等信息，成为大众交际的一端，为传播汉语言文化发挥应有的作用。

（三）交际模式与跨文化交际的关系

交际是以什么方式来运作的，就是交际模式的问题。最早对交际模式进行阐述的是美国政治学家哈罗德·拉斯韦尔，他提出了“五 W”模式，即：Who（谁）、say What（说什么）、in What channel（通过什么渠道）、to Whom（对谁）、with What effects（得到什么效果）。

这个模式简明扼要地把交际的过程直观地表现出来，人们据此可以进行交际发出者研究、交际内容研究、交际媒介分析、信息接受者研究以及交际效果研究等。但“5W”模式显然未能将信息接收者的反馈纳入其中。1949 年，香农等提出了另一个线性模式，拆分了媒介，增加了“信号”和干扰因素“噪音”。

这一模式对于交际的过程虽然比“5W”模式有了更细致的分析，考虑也更周到，但是它并未根本解决线性模式的缺陷。之后，奥斯古德和施拉姆提出如下图所示的循环模式，将交际视作一个交互的过程。

研究交际模式对于我们深入了解跨文化交际有重大的意义。从交际的过程我们可以看出编码和译码是两个最容易出问题的环节。即使在具有相同的语言和文化背景的人们之间进行交际也可能出现编码和译码不一致的情况，在不同文化背景的人们进行交际时自然更容易出现误解。例如，美国人表示友好这一信息时可以说："We must get together soon，"（我们得很快聚聚）并没有邀请对方吃饭的意思。也就是说，他编码时使用的符号并没有邀请的含义。但是一个不了解美国文化的中国人在译码时却常常会得出邀请的信息。又如，中国人在表达问候的信息时，可以就对方正在做的事情提问，可以根据不同情况把它编码成"写信呢""看电视呢""出去呀"，中国人在解码时一般不会发生差错，不会认为这是实质性的问题，把这些形式上的问题只理解为对于自己的关心。但是，不了解中国文化的西方人士听到这些话时，在译码过程中难免会将结果理解成干涉他的隐私。

第二节　文化对交际的影响

一、文化与交际的关系

霍尔说："文化是交际，交际是文化。"这个著名的定义把文化与交际紧密地联系在一起。但是文化与交际的侧重点又有区别：文化关注的是结构，而交际关注的是过程。虽然文化与交际相互作用，但是在跨文化交际领域，人们谈论更多的是文化对于交际产生的影响。

那么文化是如何影响交际的？萨莫瓦尔、波特与麦克丹亚尔（2010）指出，文化对于交际的作用主要体现在三个方面：一是文化影响人们的感知，二是文化影响人们的语言行为，三是文化影响人们的非语言行为。古迪孔斯特与金姆（2003）则认为文化对于交际的影响体现在以下两个方面：一是文化指导人们的交际行为，二是文化指导人们如何解释别人的交际行为。总之，这两种观点的共同之处是都强调文化是从两个方面影响交际的：感知方面和行为方面。文化影响人们对于别人交际行为的感知和解释。比如，一对情侣在公共汽车上做出亲昵举动，有的人认为是自然的，有的人认为是不雅观的。同时，文化制定了行为的规则，直接影响了人们的行为。

古迪孔斯特与金姆还从另一个角度指出了文化对交际的影响。按照他们的观点，文化是从两个层面影响交际的：一是从文化规范的层面，二是从个人的层面。文化对交际的影响是社会的文化规范与个人在社会化过程中的特点及个人性格之间相互作用的结果。过去我们常常只强调文化规范层面对于交际的影响，事实上一个人的成长方式和性格特征也是影响交际的重要因素。同样在中国文化环境中长大，有的中国人在交际中可能表现得很谦虚，而有的中国人则表现得自信满满。这种交际行为的差异就与个人的成长背景、性格特征有很大关系。

二、文化与感知

感知是人们选择、组织和解释外部客观刺激（信息）的方式，它赋予周围的世界以意义。人们感知的世界并不完全是事物的本来面目，它经过了人的感觉器官的过滤，同样的事物在不同的人看来可能差别很大。有人做过实验，斑马是黑白条纹相间的，但是有的人会把它看成是带有白色条纹的黑马，有的人则把它看成是带有黑色条纹的白马。这种感知的不同，在大多数情况下是受文化制约的，文化影响人们对周围客观事物的认识。

首先，文化影响人们对外部刺激的选择。客观现象成千上万，但是人们对客观现象的反应是有选择的，这种选择不是自然的心理过程，而是文化的心理过程。换句话说，人们选择那些对自己有意义的外部刺激。生活在北极地区的爱斯基摩人对冰雪的感知与生活在热带的人们是完全不同的，他们对雪的形状和特点的认识更加丰富，常常区分不同的雪花形状。中国人对物体形状的感知也很细腻，因此汉语中存在着丰富的量词。

其次，文化影响人们对外部刺激的分类。中国的饮食文化非常发达，菜肴的烹饪方法也多种多样，所以中国人对烹饪方法的分类是非常细致的。除了炒、烤、煎、炸、煮、蒸、炖等常用方法以外，还有溜、烹、焖、爆、氽等特有的烹饪方法。英语中关于亲属称谓的分类比较简单，只是区分辈分、性别和直系旁系，而亚洲许多文化中对于亲属称谓的分类很详细，除了以上三个标准外，还要区分父系与母系、血亲与姻亲、同辈中的长幼。这就是为什么英语中的一个词“uncle”在汉语中可以表示伯伯、叔叔、舅舅、姑父、姨父，“cousin”在汉语中可细分为表哥、表姐、表弟和表妹。语言中复杂的亲属称谓系统说明了这些文化中家庭在社会关系中的重要地位，也表现了家庭关系中强调长幼有序、亲疏有别的特点。

最后，文化影响人们对外部刺激的意义联想。例如，人们对于颜色的联想就因文化的不同而不同。陈国明（2009）列举了美国学生对于不同颜色的感知和联想：

黑色：死亡、邪恶、悲伤、性感

篮色：冷、男性、伤心、蓝天

绿色：忌妒、贪婪、金钱

粉色：女性、羞涩、可爱、温柔

红色：生气、炎热、爱情

白色：美好、纯洁、和平、无辜

黄色：谨慎、幸福、阳光、温暖

同样是这些颜色词，而中国大学生的感知和联想是这样的：

黑色：庄严、沉重、死亡、邪恶

蓝色：冷静、哀伤、忧郁、天空

绿色：生命、环保、健康、希望

粉色：温馨、可爱、暧昧、少女

红色：喜庆、热情、危险

白色：干净、冷、丧事、纯洁

黄色：温暖、财富、帝王

中国和美国学生对相同颜色词的不同联想体现了文化对于感知的影响。

三、文化与交际行为

文化的特征之一是它为行为提供指南。古迪孔斯特与金姆指出：“我们的文化提供了一种使我们可以了解在通常情况下如何与别的成员交际的知识。”有人用“讽”来比喻文化与行为的关系，风是看不见的，但是我们却能通过观察树叶的摇曳、旗帜的飘动以及皮肤的感觉来判断风的存在。像风一样，大多数文化因素也是看不见、摸不着的，但是我们却能从人们的行为中体会到文化的作用无处不在。下面我们以人们日常的衣食住行和人际交往为例来说明文化对于行为的影响。

文化影响饮食行为。人们吃什么和不吃什么体现着文化的影响。例如，法国人吃蜗牛，韩国人吃狗肉等。虽然人们是否吃肉或吃什么肉与个人的习惯和环境有关，但是也与他们对事物的看法及宗教观念有关。西方人认为狗是人类的朋友，吃狗肉很残忍，而韩国人认为狗只是一种普通的家畜，吃狗肉与吃猪肉、牛肉并没有什么区别。很多人成为素食主义者，主要是因为他们想表明自己对人与自然关系的看法或信仰。饮食礼仪也受到文化的影响。很多信仰宗教的人在吃饭之前要做祈祷，吃西餐喝汤时把碗端起来是没有教养的体现，而日本人吃饭时碗一定要端起来才是得体的。由此可见，文化在一定程度上影响了人们的饮食选择和习俗。

文化还影响人们的衣着打扮。人们平常穿什么衣服，在什么场合穿什么衣服，也是受文化影响的。西方的新娘在婚礼上穿白色的婚纱，而中国传统婚礼上新娘穿红色的旗袍。在儒家文化圈的国家中，教师上课一般要穿比较正式的服装以体现教师的尊严和职业性，而在美国文化中，教师在讲台上穿休闲的牛仔裤和 T 恤衫也是合适的。这些穿着上的差异不仅体现了不同文化的审美观念的不同，而且表现了不同文化对于社会角色的不同期待。

文化影响居住方式，而居住方式在某种程度上又影响了人际交往方式。日本人喜欢睡在榻榻米上，家里的每个房间都是相通的。中国传统民居的典型代表——四合院，其结构和布局体现了中国文化中尊卑，有序、内外有别等观念。西方人从小就有自己的独立房间，家里的房间门大都是关着的，家庭成员进入别人的房间时要敲门。而中国家庭家里的门一般都是敞开的，长期以来，孩子进父母的房间或父母进孩子的房间都不需要敲门。但随着社会的发展和文明的进步，敲门这件事也逐渐为中国家长所重视。敲门是一种尊重，孩子和父母更多地应该处于一种平等的关系，孩子进父母的房间或父母进孩子的房间都要敲门，相互尊重。这也有利于孩子到其他地方也养成良好的习惯。

人们的出行方式也与文化有关。在现代社会，由于工业的发达，汽车是常用的交通工具。汽车的普遍使用使人们的生活变得更加自由和独立，也影响了人与人交往的方式。汽车的普及使人们的流动更加普遍，人与人之间的关系因此变得相对松散和疏离，个人意识更加强烈。而在传统的农业社会，人们的出行方式主要是步行或依靠马、驴等牲畜，因此人们的生活范围受到限制，人们居住在一个地方而很少搬迁，所以人与人之间的关系更密切，人们更注重集体的相互依存与和谐。

总之，文化为我们的日常生活和人际交往制定了行为准则，来自不同文化的人所表现的交际行为特点受到他们自身文化的影响。但需要指出的是，文化是一种影响交际行为的重要因素，但不是唯一的因素。换句话说，并不是任何行为的特点或差异都是受文化的影响产生的。有的西方学者将人们的行为分为三种类型：普遍性的、文化性的、个体性的。普遍性的行为是指不同文化背景的人都具有的行为，比如珍视亲情、爱情和友情，回避危险等，这些是人类普遍的行为。文化性的行为是指受到特定文化影响的行为，比如中国人讲究孝顺，西方人重视隐私等，都是具有特定文化特征的行为。个体性的行为是指在同一文化中，个人所表现出的与别人不同的特征或偏好，比如在同一种文化中，有的人喜欢独处，有的人则喜欢与他人聚会。

第三节　文化认知与跨文化交际的关系与影响

一、文化认知的定义

认知是指人们在对知识的获得及应用的一个具体的过程。它包括感觉、知觉、记忆、思维、语言、想象和分类等多方面的内容。

文化认知的概念，早在20世纪20年代美国语言学家萨米尔便在其著作《语言》中首次提出："语言有一个环境，它不能脱离社会继承下来的传统与信念。语言的背后是有东西的。而且语言不能离开文化而存在，所谓文化是社会遗传下来的习惯与信仰的总和，它可以决定我们的生活组织。"

在20世纪四五十年代，美国语言教学专家C.C.弗里斯和罗伯特·拉博两人又同样提出了在外语学习过程中需要重视语言所处的文化，要注意不同文化存在的差异。

在跨文化的交际过程中，双方之间进行有效沟通的前提便是对别人的文化有一定程度的了解。因此，文化认知就成了跨文化交际过程中的基础，在跨文化的交际中起着十分重要的作用。

二、文化认知与跨文化交际的关系

（一）文化认知与文化差异的理解

从社会心理学的角度来看，人们对于事物的认知、感觉以及行为倾向都是存在着相互影响的关系的。

人们在跨文化的交际过程中通常会从自身文化的角度去对待其他不同的文化，而不去探索这些文化表象后所具有的文化深层次的含义。对于文化的不同的认知是文化出现差异性理解的物质基础。文化之间若想要相互了解和交流，必须重视这一差异。但是从文化认知到文化间的相互理解的过程却不是一帆风顺的，这主要是由于对于不同文化的理解受到了政治、历史、社会环境以及价值取向等多方面因素的共同影响。这也使得对文化差异进行理解时需要采用多种学习和训练的途径来认识文化，如直接学习、直接经验，以及参加培训项目等方式，通过这些活动不断加深文化认知的内涵。

（二）文化认知深化理解文化的差异性

文化认知所具有的本质和特点使得文化的拓展与延伸成了人们进行自我完善、增进文化共同点的基本手段之一。文化的差异已经深深地同人类自身结合在一起，成了一种不可改变的事实。但这种差异性带来的不仅仅是文化交流过程中的障碍，也使文化具有了多样性，使整个社会向着多元化的方向发展，使人们的生活变得更加丰富。在存在着差异性的文化相互交流的过程中我们可能会经历文化的各种震荡与变化，如蜜月期、危机期、复原期、双文化适应期。经历这样的过程，不同文化之间能够更好地适应对方，提高跨文化交际的敏锐度。并且在文化对比的过程我们还能够学到很多自身文化所没有的文化特征。

（三）文化认知促进跨文化交际能力的提高

如前文所述，文化认知的内容是构成跨文化交际的一个基础。任何形式的跨文化交际都必须依托于对文化的认知。文化是在特定的地域不断地得到了滋养发育、成长和传播，最终得到成熟，它在不同的社会时期有着不同的社会规范。因此如果想要使跨文化交际能够得到满意的结果，我们首先必须了解的便是对方所具有的文化认知。跨文化交际的最终目的不是对对方文化的简单的适应或同化，而是希望交际者之间通过真诚的对话，相互取长补短，使得双方的文化都能得到良好的发展，共同改造世界进而推动人类的前进。

文化认知的具体内容明确地向我们展示了文化之间存在着差异，这种差异可以通过不同的文化之间的交流和渗透得到减少，但却不可能完全消失。因此，我们在跨文化的交际过程中应该分别从地理、历史和社会等多个角度来解读文化差异，理解不同文化之间存在的合理性和不可替代的重要价值。交际双方都可以在不断的交往过程中，突破那些由于各种因素形成的不合理的界限，从而达到良好的交际效果。文化认知的过程就是从对他文化表层的理解到隐藏的文化内涵深层的理解，最后到站在对方角度去看待他们的文化，从而实现跨文化交际的成功进行。

（四）文化认知帮助理解文化表面特征

在文化认知的学习过程中会产生“刻板印象”。所谓的刻板印象是指一种表面性的理解、概括，它可能正确，也可能错误，其通常是来自教科书、媒体或第一印象，具有一定的局限性和不完整性。准确的刻板印象是建立在一种经验性的研究之上的，而不是没有经过验证的偏见。尽管刻板印象存在着一些不足之处，但当我们将其仅仅是当作一种和他人互动交流的临时基础来看，刻板印象对于交流的有效性是有一定的帮助的。例如，在李和迪纳斯（1995）对墨西哥人和美国人之间的会谈进行的研究中发现，双方都对另一方的时间取向存在着刻板印象。美国人认为墨西哥人是“香蕉人”，他们眼中的墨西哥人通常是采用放松的方式同时执行数项工作，对于时间的使用没有得到严格规定。而墨西哥人说美国人是机器，他们认为美国人更加偏好于线性的、有秩序的、在同一个时间里只做一件事情。刻板印象能够为跨文化交际提供一个基础，使得沟通交流的双方能对不同文化的差异进行一定的调适和协商，从而提高交流的效率。对这些刻板印象准确理解的过程，也就是理解文化表面特征的过程。

三、文化认知对跨文化交际的影响

（一）与词汇相关的文化认知对跨文化交际的影响

语言是文化的重要载体，也是一种特殊的文化表现的现象。每一个民族所具有的语言都是其民族文化的一面镜子，将其所储存的前人的全部劳动和生活经验都清晰地展现在人们面前。威尔金斯曾说："没有语法不能很好表达意思，而没有词汇则什么也不能表达。"在一个民族的语言中，词汇是语言系统中最能体现出文化的一个部分，各种不同的文化都会赋予词汇特有的含义，每个词汇都代表着一定的意义。

语言学家莱昂斯曾经是这样描述词汇文化的含义的："每一种语言在词汇上的差异都会反映这种语言的社会产物、习俗以及各种活动在文化方面的重要特征。"词汇最能反映出社会文化的特征，也最容易受到社会文化的影响。词汇中的习语、典故等内容都含有丰富的文化内涵。因此，如果对于词汇中所展示的文化内涵不能理解，即使其所具备的语音、语调和语法等知识再好，也难以在实际的交际中得到很好的沟通。

词汇所具备的意义主要是由两个方面组成的：一是表概念的部分。这是词义的文体部分，这一部分在不同文化中的意义是相同的，它的作用是将所要展示的内容通过文体、字形表现出来。二是表示文化信息的部分。这是词汇词义所附加的隐藏着的部分，这部分便体现出了词汇所在的民族的文化具有的特色，这也是词汇文化存在差异的根本原因。

我们以词汇所具备的典故为例。词汇蕴含的典故是来自古代文化汇总的经典或著作、历史故事和人们的口头故事，其含义往往包含着具有哲理性和指导性的内容，单纯地理解词汇内容通常是不能体会到底，因为它并不是词汇构成的成分意义简单的相加。比如我国成语中的饮鸩止渴、孤注一掷、曾子烹彘、人定胜天等词汇都显示出中国丰富的文化内涵，其中所具有的历史典故也是中国所特有的，如果其他不了解这些典故的人来理解这些词汇是不能体会到其所要表达的意思的。不仅仅是在汉语的词汇中存在这种现象，在其他文化中同样也存在着一些习语。如英文词汇中的"an apple of discord"直译为汉语其意思是"苹果的纠纷"，单纯地凭借词义来看，我们是无法理解这个词汇的意思的。然而结合这一词汇所具备的典故我们便能很好理解了，这一词出自荷马史诗《伊利亚特》中的希腊神话故事，由于一个金苹果而最终导致了特洛伊和希腊两个城邦之间长久的战争。因此，在英语中的“an apple of discord”这个词汇，通常用来比喻“any subject of disagreement and contention，the root of the trouble；dispute”等意义。

因此，我们在跨文化的交际过程中，一方面对不了解本民族的文化典故的交际者尽量避免使用具有隐藏意义的词汇、典故等，在交流中尽量做到删繁就简，使表达的意思更加直观清楚；另一方面，要不断了解对方文化中的习语甚至是俚语，了解其文化典故，避免出现失误。

（二）与交际环境相关的文化认知对跨文化交际的影响

跨文化交际是一种社会行为，需要一定的交际环境才能使其顺利进行。词汇文化的认知同样需要通过某种环境产生作用，所以对与交际环境相关的文化认知是跨文化交际过程中的保障。

交际环境是构成跨文化交际的一个重要因素。这里所说的交际环境包括具体和宽泛两方面的交际环境：具体的交际环境包括交际情景、角色关系、人际关系等多个因素，而宽泛的交际环境包括文化、民族心理等各方面因素。这些环境因素对跨文化交际中交际的双方都会造成非常重大的影响。交际的双方对所处的交际环境认识得越深刻，交际的敏感性就越强，对于对方文化的理解性也就越深入，从而达到在跨文化交际中的高效性。

（三）与非语言交际有关的文化认知对跨文化交际的影响

我们将那些不通过语言的方式就能向对方传达信息的行为和特征都称之为非语言交际。非语言行为是一种强有力的沟通方式。非语言交际存在着无所不在性、关系性和文化制约性等独特的特点。尽管有着少量的非语言信息具有普遍性和通用性，可以在不同文化、种族间或国与国之间进行很好的沟通，但是对于大部分非语言信息来说，其仍然是受到所属文化的制约，仅能在本文化或者是能够理解其意义的异文化交际者之间得到很好的交流。

因文化之间存在的差异，同样一个非语言信息在不同的时空下会存在不同的含义。这使得交际者在使用非语言信息时其所要表达的意义存在着模糊性，甚至有可能出现一个非语言信息在本文化代表着好的意义，而在异文化中却代表着不好的意义，这样对于交际者之间极有可能产生冲突和矛盾。这也使得我们在跨文化的交际过程中不能仅从自己的文化角度来解释他人所展示的非语言信息，还要根据对方的文化背景来理解。

非语言交际所传达的信息比例相对于语言交际来说是巨大的，其中的原因便是在非语言交际过程中的非语言途径相较于语言交际更为广泛。比如依赖于我们的视觉、听觉、触觉和嗅觉等方面来进行跨文化交际。但我们需要注意的是，这些途径由于文化的制约而存在着很大的模糊性，因此，我们在对于非语言交际的使用时需要有着对文化认知的敏锐力以及小心谨慎的使用态度，避免造成因为文化差异而带来的交际误解。

（四）与语用相关的文化认知对跨文化交际的影响

语言在使用过程中会随着交际语境的变化而产生变化。在跨文化的语言交际过程中，在使用语言时仅仅是掌握其功能和意义是不够的，我们还需要掌握语言的使用范围和使用情景，否则便会导致语言词汇出现在一些不适合的场合，影响到跨文化交际中的有效性。

不同的文化对于人们行为的要求是不同的，这是属于文化对人们活动的规约。语言交际同样是一种社会的现象和行为，也要受到其所属的文化中的交际准则的制约。从语言使用过程中的常用的问候语、致谢语，到更加深层次的思想交流，都带有其语言所属文化的属性特征和价值观念。这就要求我们在跨文化的交际过程中能够正确识别和理解其他文化具体的行为功能，能够了解其国家文化的内涵和历史，从对方文化的角度对事物进行理解和认识。只有采用这样的态度和方法，我们才能够在跨文化交际中合理地运用适当的语用策略，提高交际的成功率。

语用行为受制于其所属的文化具体背景，因此，显而易见的是文化差异必然会导致人们的语用行为出现不同的情况。在不同的文化背景下，人们在社会活动中表示道歉、委婉、谦虚、问候等交流的语用规则都存在着不同之处。另外，组织信息的方式、实现会话的合作原则、礼貌原则的方式等内容同样是有差异的。这也使得我们在跨文化交际过程中交流时需要根据时间、空间、对象、身份、地位、场合等因素采取不同的交流技巧和方式，避免不合时宜地出现一些不恰当的语用，减少语言交际中的障碍。

第四节　跨文化交际的内涵

一、跨文化交际的定义

跨文化交际是指不同文化背景的人之间的交际行为，而这种行为主要是通过语言进行的，故又称为跨文化语言交际。人一直是生活在复杂的社会环境之中的，并且在特定的文化中长大，这就使得人在学习语言的同时自然就学会了语言规则和文化的社会规范。交际是双向的活动，交际双方的不同背景和经历都是影响交际活动的因素之一。不管是相同文化交际和跨文化交际都是离不开文化的，如果交际双方来自相同的文化背景，那么他们之间的交际就是相同的文化交际；如果交际双方来自不同的文化背景，那么他们之间的交际就是相同的文化交际。由于语言是通过民族文化的中介来反映和表现世界的，所以语言的使用本身就是一种文化行为，表达的效果是某种文化的产物，文化也是制约正确解码的重要因素。没有必要的文化背景知识，正确的解码几乎是不可能的。从这个意义上说，交际活动是一种文化现象。因此，在跨文化交际中要特别注意和研究文化差异。

二、跨文化交际适应

适应是一种非常常见的生活方式，在人的日常生活当中，为了满足环境的要求而更好地适应环境，他们会改变环境，从而获得系统性的满足。适应对于人类的生活来说是最基础的一个要点，其中就包含人与人之间互相了解对方的行为，以及了解对方的文化语境变化，在家庭组织以及集团这些社会系统当中，都需要有一个适应的过程。随着经济全球化时代的到来，目前的世界已经变成了地球村，越来越多的人在日常生活当中会选择远离自己的家乡，离开自己的国家到别的地方去生活或者工作。因此，在跨文化接触中，人们不仅可以体验到它所带来的新奇以及新鲜感，更多的是体验到在这种新的环境之下的文化压力和社会压力，这些压力来自不同的习俗思维方式等，会给不同的人带来不同的感受，不是每个人都可以胜利地战胜它。

与此同时，在进行跨文化交际过程中，有效的跨文化组织应该与现代科学技术的发展相适应。组织的需求是有弹性的，只有满足组织的需求才能够快速地适应变化的环境。除此之外，由于世界的变化速度十分快，因此组织的发展也要有特别强的适应性，这样组织领导就可以在组织发展使用最新的技术或者是媒体来使组织满足客户的要求，从而在激烈的竞争环境中站稳脚跟。在激烈的竞争环境之下，学会跨文化适应是一个非常重要的过程。

三、跨文化交际冲突

当人们到了一个新的文化背景之下进行生活，那么他们在刚到的时候一定会带来本国的文化信念、价值观、习俗以及行为等，因此在这种新旧文化碰撞中就会产生一些矛盾。跨文化冲突具体表现在说话人与陌生人进行交流，运用对抗性的语言或者是声音，还有的人在新的环境之下面对不熟悉的价值观以及生活方式会在心里感到不安或者是担心。可以鼓励他们勇敢地去面对自己所不熟悉的文化习俗，从而形成新的习惯，但是如果他们在日常生活当中还是选择保持原样，不希望去适应融合新的文化，他们就会产生头痛失眠暴饮暴食等现象，从而对自己的精神状态产生一定的影响。除此之外，他们还会在日常生活当中做出一些自己难以预测的事情，如果在跨文化交际过程中，没有专门的人员去快速地解决跨文化冲突，那么由于跨文化冲突而痛苦的人就会与其他人难以沟通，从而对日常生活造成一定的影响。

在进行跨文化交流过程中，由于文化因素而导致的相互对立，相互有不满情绪，相互有障碍的过程指的是在进行跨文化交流时，其他国家与东道主国家由于在文化价值方面所存在的差异而产生的冲突，这种冲突同时也包含不同文化背景下的工作人员在一起工作而产生的冲突。跨文化组织在开展工作中所遇到的冲突主要体现在以下几个方面。

第一，信息理解方面所存在的差异性。母语、文化背景以及文化信仰等的不同，会导致人们在理解同样的信息时有不同的翻译，从而使得他们得出不同的结论。沟通是人与人进行信息交换的一个过程，在不同的文化背景当中会有不同的交流模式，因此双方在进行交流时会由于文化背景的不同而产生沟通障碍，如在沟通过程中会因为不同国家的人风俗习惯和价值观的不同，导致他们在沟通会产生误解，甚至会成为文化冲突的诱因。

第二，沟通方式不同。沟通就是人与人或者是人与群体之间的信息交换的过程。不同的文化具有不同的交际模式，如果双方的文化不同，就会造成沟通障碍，甚至会造成文化冲突与矛盾。

第三，民族个性差异。不同文化的民族在心理以及精神气质方面都会有所不同，会影响民族成员的价值取向，这就可能导致在跨文化交际中因为文化不同而产生文化冲突与文化障碍。

四、跨文化交际中常见的语言禁忌问题

第一，只存在于目的语中的语言禁忌引发的问题。某种语言禁忌只存在于目的语中，最容易引起交际障碍甚至文化冲突。不了解异文化的语言禁忌而在交际过程中有所冒犯，自己却没有意识到症结所在，也很难对谈话过程中的失误进行补救。但是一旦被告知清楚，就会对这种语言禁忌的使用情况记忆深刻，即使一时不能接受，只要端正学习和交际的态度，了解这种语言禁忌背后的文化原因，学习者就会很好地掌握这个语言项目。

第二，母语和目的语中都存在，但使用情况或表达含义不同的语言禁忌。这种语言禁忌容易混淆，也是目的语学习者不容易理解的部分，从而导致交际障碍。例如，死亡话题在东西方的文化中都很避讳，但用以代替“死亡”的委婉语不尽

相同。当一个欧美留学生在课堂演讲中介绍自己的家庭情况时，他说：“我的妈妈在我小的时候就去天堂了。”老师应给予纠正，对长辈的死亡中国人习惯说“去世了”，并告诉他中国人对与死亡有关词汇的禁忌和委婉语的使用方法，欧美留学生需要慢慢理解和接受，才能在以后的交际和表达中逐渐习惯和应用。

第三，学习者由于不了解语言禁忌使用的环境和背景而导致的误用。这种情况大多是学习者已经掌握了语言禁忌的意义以及一些替代语的使用方法，但是因为不了解实际运用的语言环境和语言背景而产生交流障碍。

例如，留学生对“哪里，哪里”的使用。一次在和一个韩国留女生聊天的时候，笔者夸她的帽子很漂亮，她一本正经地跟笔者说“哪里，哪里”，并问笔者这么说对不对。严格意义上来讲，这种情况下使用“哪里，哪里”表示谦虚，并没有什么错误。但是随着时代的发展，很多习惯用语的使用条件已经发生了变化，“哪里，哪里”一般是上了年纪的人习惯使用的比较正式的一种表达方式，现在日常生活中年轻人已经很少这样用了。

五、跨文化交际的多学科背景

跨文化交际这一术语，译自英文“intercultural communication”，该词在英语中既可指跨文化交际这一现象，也可指跨文化交际的学科。“communication”翻译成汉语可以译为“交流”“传播”“沟通”，所以有的学者将跨文化交际的学科名译为“跨文化交流”，也有的译为“跨文化沟通”或“跨文化传播”，在语言学中把“communication”译为“交际”。跨文化交际学的基础与理论来源众多，其中影响最大的是人类学、传播学、语言学、心理学以及社会学、哲学和国际交际学。

（一）人类学

跨文化交际学诞生于人类学，特别是文化人类学对于跨文化交际的贡献最为突出。文化人类学主要研究人类思维和行为的各个方面，研究世界各地各民族之间不同风俗习惯、不同思想行为以及不同生活方式。在跨文化交际学建立前，文化人类学一直起着举足轻重的作用。1959年，美国人类学家爱德华·霍尔发表了《无声的语言》，率先提出“文化即是交流”的理论，首次将整个文化视作交流的手段来加以研究。另外，书中首次使用“跨文化交际”这一术语，标志着跨文化交际学而诞生。人类学诞生于19世纪中期，跨文化交际学科的创立在时间上比人类学整整晚了一个多世纪，但时间的间隔反而缩短了两个学科之间的距离，人类学对文化、文化与语言的关系、非言语交际等所做出的大量研究，为跨文化交际学的诞生准备了必要条件。

（二）传播学

传播学是跨文化交际学的基地。传播学者在跨文化交际学领域最为活跃，出版的书籍和刊物最多。传播学是研究人类如何运用符号进行社会信息交流的学科，作为一门学科形成于20世纪20至40年代，随着传播学发展为一个独立的学科后，许多传播学者开始慢慢衔接与发展跨文化传播学的研究，并逐渐成为传播学的一个重要分支。用传播学的理论对跨文化交际进行研究，20世纪60年代跨文化交际的研究在传播学领域取得了长足的进展。罗伯特·塔尔伯·奥利弗于1962年出版的《文化与交流》是传播学领域结合文化与传播学研究跨文化交际学的代表作。他从修辞的角度，分析比较东西文化的异同，给跨文化传播比较研究树立了典型。1977年开始发行的《国际跨文化传播年刊》“滋养跨文化传播”这个概念与术语，并推动跨文化传播学茁壮发展。这本每年只出一册的论文合集，对跨文化传播理论、方法与各种重要的专题在不同年度都有深入的探讨。

（三）语言学

跨文化交际中关于民族文化的阐述，关于文化与语言的关系的阐述，很多来自文化语言学的研究成果。在语言学和语言教学领域，早期有C.C.Fries和罗伯特·拉多提出在学习外语的同时，需要注意目的语的文化。美国社会语言学家内萨·沃尔夫森对于不同文化中的赞同语做了细致对比。英国学者米迦勒·拜拉姆和美国学者内德·西利等对于在外语教学中如何结合文化提出一系列的理论和方法。

语言有两套规则；一套是语言自身的规则，一套是语言的使用规则——语言的使用是否得体的规则。语言的使用规则实际上是语言所属文化的种种因素，比如沉默、手势等。语言自身的规则本身就是语言交际性功能的体现，而语言自身的规则和语言的使用规则都是文化的重要组成部分。文化与语言是相互依存的，语言既是文化的载体，又是文化的写照，语言被普遍认为是跨文化交际中的一个关键因素。

（四）心理学

跨文化交际首先是一个交际的过程，并且具有跨文化的特性，交际是一种影响我们自己和他人的行为，其本身伴随着大量的心理活动，可以说是心理活动推动的过程，心理因素对交际过程会产生决定性的影响。因此，任何交际研究必须考虑、了解有关筛选信息时作出的选择，以及讨论这些选择所产生的心理结果。

心理学是研究大脑对外界信息的整合诸形式及其内隐、外显的一门学科。任何交流都要通过人的大脑才能起作用，因此我们要运用心理学的知识观察跨文化交际中文化和认识之间的关系以及在交流中的作用，同时运用跨文化交际的知识和成果来了解跨文化交际对个人和群体心理的影响。在心理学领域主要是社会心理学与跨文化心理学对于跨文化交际学作出了重要贡献。

（五）哲学

跨文化交际涉及来自不同文化背景的人们的语言交际。在这种交际中，很容易遇到由于文化差异而造成的交际障碍；文化哲学理念支配着一个社会群体的言语规范，世界上各社会集体均有自己与众不同的文化哲学理念和言语规范，这种差异会使言语交际产生不同的结果。

哲学是文化的核心和精华，可以说哲学中隐藏了不同文化各自的基因。因此，分析不同文化群体的世界观、价值观对跨文化交流的影响是十分重要的，在跨文化交流中，在人们认识判断各种信息时，哲学是一个关键因素。对不同文化中哲学观和修辞哲学差异的研究，能让我们看清隐藏在文化层中的文化特征，以便为我们制定跨越文化障碍提供最科学的依据。

（六）社会学

社会学是研究社会生活、社会制度、社会行为、社会变迁和发展等社会问题的学科。语言是一种社会现象，社会性是语言的本质属性，因此语言学和语言教育的研究，都不可能不受社会学的影响。世界各社会群体，交流方式多有差异，社会学研究的方法和成果对跨文化交际学科来说大有裨益。

（七）国际关系、国际政治学

当前的国际关系、国际政治实际上是一种跨文化的交际。人们越来越认识到，今日世界外交政策不能仅仅依靠军事力量、外交活动，向其他国家传播我们社会的价值观，影响下一代，对世界格局产生的作用要远远胜过军事和外交上的作用。

各种理论来自不同的层面、不同的角度、不同的目的，以不同的形式去观察跨文化交际。跨文化交际学已发展成为一门被国际学者充分重视的综合性学科。作为一门独立的学科，它确立了一套理论体系，并正在不断地发展其外延，从而不断完善这一年轻的科学体系。各个学科之间是相互联系彼此渗透的，我们应打破各学科的界限，运用多学科的知识，从多种角度去综合地分析和理解跨文化交际。

六、跨文化交际与国际汉语教学

跨文化交际与国际汉语教学密不可分。国际汉语教学本身就是一项跨文化交际活动，学习一门语言就是学习相应文化，教授一门语言也就是教授一门文化，而语言与文化的对比研究，也是跨文化交际研究的根本方法。

（一）跨文化交际能力是国际汉语教师最基本最核心的能力

汉语国际教育本科专业是根据《教育部普通高等学校本科专业目录（2012

年）》和《普通高等学校本科专业设置管理规定》所整合设立的专业。自2013年起，原“对外汉语”“中国语言文化”和“中国国学”合称“汉语国际教育专业”（本科）。这个专业培养扎实的汉语基础知识，具有较好的语言应用能力，具备中国文学、中国文化、跨文化交际等方面的专业知识与能力。因此，从专业要求出发，作为从事国际汉语教学工作的汉语国际教育专业的学生，除了能说一口标准而流利的汉语和外语之外，还必须具备跨文化交际能力和适应国际汉语教学的综合素质，来帮助不同文化背景的汉语学习者更好、更快地学习和掌握汉语，使他们能在合适的氛围中作出恰当的言语交际行为。

在跨文化语言教学中，学生与教师往往有着不同的文化背景，势必在教学过程或日常交往中涉及学习者本土文化与汉文化的接触与碰撞。因此，从跨文化交际的定义来看，国际汉语教学本身就是一种跨文化交际。学习者需要了解目的语所承载的文化，而国际汉语教师也需要了解学习者的民族文化，树立起文化的整体意识、比较意识和适应意识，站在目的语国家人们文化背景的角度去进行语言学习和交际，积极利用母语文化的正迁移作用，以更好地展开教学。近来有学者指出，跨文化交际理论应放在汉语国际教育学科的内部，在某种意义上，它甚至决定着国际汉语语音、词汇、语法及句子的内在结构与构成原则。一个汉语教师，无论是在本国从事对外汉语教学，还是在异国从事国际汉语教学，首先是一个跨文化交际的行为，其次才是一个教授汉语的行为。因此，既作为语言文化知识外部体现的，又作为掌握这些知识前提的跨文化能力，就是他们所应具备的最基本和最核心的能力。具体来说就是：

1. 第二语言教学的主要目标是培养学生的跨文化交际能力

第二语言教师的工作是架设沟通中外交际的“桥梁”，他们在教学工作中必须不断地进行两种语言和文化的转化工作。充当“桥梁”的根本条件是具备跨文化交际能力。一个具备跨文化交际能力的人，不仅知道如何有效而得体地与人和环境交际，而且知道如何通过尊敬与肯定对方的多重文化身份来达到自己的交际目标。因此，第二语言教学的主要目标是培养学生的跨文化交际能力。而跨文化交际能力是指跨文化交际环境中的交际能力，即来自不同文化背景的人之间进行交际时，具有强烈的跨文化意识，善于识别文化差异和排除文化干扰并成功地进行交际的能力。

2. 培养学生跨文化交际能力的关键是帮助他们不断增强跨文化意识

“跨文化意识”是指，在跨文化交际中，对不同文化之间的差异和冲突具有感觉的敏锐性（善于发现矛盾和问题）、理解的科学性（理性的分析和科学的判断）、处理的自觉性（自觉排出干扰，有效和得体地解决问题）。跨文化意识的有无或程度的强弱直接影响交际质量，是衡量一个交际者能否成功实现跨文化交际目的的重要准绳之一。在跨文化交际中，不仅要清楚认识文化差异，还要乐于接受和正确对待文化差异，也就是提高对文化差异的敏感性、宽容性以及处理文化差异的灵活性能力，这才是跨文化意识的主要内容，也是进行有效的跨文化交际的前提条件。具备跨文化意识并非易事，其中一大原因是认识文化的全貌是很艰难的，其根本的阻力来自文化优越感、文化模式和文化偏见的心理干扰。

因此，第二语言教学不能脱离文化教学，应置于跨文化交际环境中，处理好课堂教学与课外交际的关系、第二语言教学与第二文化教学的关系，通过帮助学生不断强化跨文化意识以培养他们与各种文化背景的人进行有效交际的基本能力。

3. 语言与文化的对比分析是跨文化交际研究的根本方法

第二语言教学是一个复杂的过程，涉及心理、社会、文化、教育等诸多领域。跨文化交际受到“语言规则”和“交际规则”的指导，二语教学就自然必须教授两种规则而非单纯的语言结构教学和语言功能项目的操练。在汉语国际教育过程中所涉及的主要是师生之间的跨文化交际和教学内容中的文化因素，也就是语言中的文化因素，我们应在教学过程中把这些知识融合在语言的教学中。

比如词汇教学，在讲到有文化内涵的词时，要解释其文化内涵及运用的场合，并与学生母语中的相同词汇进行比较，找出其中的文化差异，以促进学生的理解，加强印象。这实际上是语言与文化的对比分析，也是跨文化交际研究的根本方法。

对比分析法是对不同文化之间的交际行为和决定这些交际行为的交际规则、思维方式与价值观念进行对比分析，从中揭示出文化的异同点，重点是文化差异及其造成的文化误解和文化冲突，并且追溯其文化根源，研究和提出排除文化差异干扰的有效方法，以促进交际双方的相互理解和彼此适应，保证跨文化交际在交际双方同建的共识基础上有效地进行。“跨文化”的性质决定了学习和研究跨文化交际学必须注重研究文化差异对跨文化交际的干扰。而要了解文化差异就需要利用对比分析的方法进行差异分析。对比分析的心理学理论基础是迁移理论，迁移，即“一种学习对另一种学习的影响”。行为主义心理学认为，在学习过程中，原有习惯会影响新习惯的形成，当两种习惯有相同之处时，影响是积极的，成为“正迁移”，当两种习惯有差异之处，原有习惯也可能产生消极影响，即“负迁移”。文化与文化之间有共通之处，同时也必然存在着差异，需要用对比分析的研究方法厘清差异中存在的重要区分点。

（二）国际汉语教学中需注意的几组关系

不同文化背景的人进行交际，语音、词汇和语法是表层因素，文化习俗是深层因素。母语国家的人在与外国人交谈时，对外国人的发音和语法错误往往采取宽容的态度；相反，对违反谈话准则的行为一般则认为是态度无礼。例如，有一个留学生汉语说得很标准，但见到一位五十多岁的女知识分子，称其为大妈，使对方很不高兴。他不知道“大妈”在汉语的社交称呼中有时候是略带贬称的，如果不懂汉文化交际习俗与规则，汉语说得越标准，在交际中越容易造成文化冲突。

因此，国际教师们应当帮助学生打好语言基础，培养其跨文化意识，克服文化休克现象，注意母语和目的语思维方式的差异，并且尽可能为学生提供语言运用的环境，渗入适当的文化背景和知识介绍。具体来说，重点关注以下几个内容：

1. 历史与现实

与国际汉语教学直接相关的是当代共时文化，我们在初级课堂教授的有关打招呼、自我介绍、问路等内容，更多体现当代共时文化的内容。随着学生对汉语的了解，能够用汉语进行基本的日常交际后，中国古代文化方面的知识就需要适当地引入，成语等高级语言内容也应适当介绍给学生。当然，新词新语的现象也不能回避，也应有选择地介绍并分析其包含的中国文化的内涵。

2. 民族共性与区域特征

中国是个文化大国，南北文化、东西文化差别很大。在文化教学中，既要注意民族共性，又要注意区域差异。由于各地区的风俗习惯千差万别，只有结合语言教学，真实地介绍各地区丰富多彩的文化现象，才能使外国学生全面地了解汉文化，更为便利地与当地人交流。

例如，在介绍中国南北差异的时候，可以通过展示汉语方言的语音标本来让学生直观、感性地体验中国各地的区域差异。

3. 交际文化和知识文化

交际文化主要指具有两种文化背景的人进行交际时，直接影响交际并容易产生误解或冲突的语言或非言语文化；知识文化则相反。某一民族的知识文化，外族人通过母语也能学到。

因此，在国际汉语教学中，应当以交际文化教学为主，知识文化教学为辅。如禁忌语、吉利话、隐喻、成语、歇后语及惯用语等，大多含有浓厚的文化色彩，是中高级交际文化教学的重点。

4. 词义中的文化和语音、语法结构中的文化

在两种不同语言的词汇系统中，词义大多数是不等值或不完全等值的，它们蕴含着各自的文化特质，是国际汉语教学的重点。而语音和语法中的文化因素则相对隐蔽，但也应引起教师的重视。如印欧语重“形”，汉语重“意”等。

跨文化交际根据交往媒介的不同，可以分为言语交际、非言语交际和超言语

交际三类，每一类都有很多具体的交往行为。我们可以从学习者的需要出发，根据其身份、目标、交往对象、交往方式等进行选择，保证学生优先掌握那些他们将来最常参与的跨文化交际的方式，有意识地将文化因素渗透到语言教学的每一个环节。

第五节　跨文化交际学简史

一、国际跨文化交际研究俯瞰

（一）20 世纪 50 年代：跨文化交际研究的肇始

跨文化交际学从其肇始迄今，只有半个多世纪的时间，始于第二次世界大战后的美国。“二战”后，美国成为超级大国，国际交流的范围与频度直线上升，由文化差异造成的交际障碍问题极为突出，其大国强势地位与外交弱势形成鲜明对比。威廉·莱尔德和尤吉尼·布迪克于 1958 年发表的《丑陋的美国人》就是对美国失败外交的讽刺，不仅唤起了人们的跨文化意识，更促使学者们潜心思考，对此作出学理的解释，拿出相应的解决方案。为弥补这一弱势，1946 年美国成立了对外事务学院由语言学家和人类学家主持的培训师资专门针对驻外官员进行职前和职中培训。

不过作为一个单独的研究领域，直到 1959 年爱德华·霍尔在他的《无声的语言》一书里，提出“跨文化交际学”这个概念之后，才开始有了比较系统的发展。

霍尔一生从事跨文化互动的研究与训练，早在 1950 年即使用了“文化间的紧张”与“跨文化的问题”等词，加上其丰硕的成果，被公认为跨文化交际学的始祖。《无声的语言》的出版，开启了跨文化交际学研究的先河。当时霍尔服务于隶属美国政府的“海外服务中心”，这个机构提供给霍尔一个机会，把人类学的观点引入了文化差异的研究，并达到了立即应用的效果。他把传统人类学单一文化的研究，拓展为文化的比较研究，尤其是着重来自不同文化的人们互动的关系。这种方法仍是目前跨文化交际研究的主要方向之一。

（二）20 世纪 60—70 年代：跨文化交际研究的发展阶段

20 世纪 60 年代，美国国内以黑人为先锋掀起的少数族裔争取民权的斗争，进一步促进了跨文化交际学的发展。同时，从 60 年代到 70 年代，中美洲国家、加勒比海地区和墨西哥的大批移民进入美国，也增加了美国学者研究跨文化交流问题的迫切性，越来越多的传播学者加入跨文化交际研究的队伍。于是这个时期，跨文化交际学在学术领域，开始奠定了基础。奥利弗等学者的《文化与交际》等书，成为基础期跨文化交际研究的代表。奥利弗对东方文化颇有研究，他的著作树立了跨文化交际比较研究的典型，他的书的出版直接肯定了跨文化交际学在传播研究上所占的一席地位。

这一时期，围绕如何解决文化差异问题，跨文化交际学者们还推出了一系列的理论。代表性的成果包括奥伯格等人的文化休克论；甘勒闵的文化适应周期理论；约翰·白瑞和金洋咏的跨文化调整理论。60 年代产生的文化休克理论描述了海外旅行者面对陌生文化产生的惊恐、烦躁、焦虑、失眠和恐慌等不适应症状。文化适应周期理论以 U 模型和 W 模型分别解释了跨文化交际适应异域、异国文化以及重新适应本土文化过程中，各个阶段的特征和有效的对策。教育方面，美国匹兹堡大学也于 1966 年，成为第一所开设跨文化交际学课程的学校。

（三）20 世纪 70 年代：跨文化交际学成为一门独立的学科

到了 20 世纪 70 年代，跨文化交际学逐渐成为传播学中的一门独立学科。但就其学科特性而言，它已不单单是传播学的一个分支，而成为一门综合了传播学、社会学、心理学、文化人类学、语言学、民俗学、历史学、国际关系学等学科理论的交叉学科，而且具有很强的实用性。针对该学科的独立研究协会也陆续创立。比如 1970 年，“国际交流协会”建立了“跨文化交流部”，后来更名为“跨文化交流部”；1975 年，“美国交流协会”创立了“跨文化部”。

现在 ICA 与 NCA 的年会已经成为跨文化交流学学者们集会的重要场合。跨文化交际学最主要的期刊《国际跨文化关系杂志》则在 1977 年发行，这个期刊对跨文化交际研究与实际运用的发展，产生了不可磨灭的影响，它涵盖了跨文化教育、交际的有效性、语言习得、族群关系、跨文化交际能力以及语言与意义的关系等议题，不仅为学术交流提供了坚实的平台，而且为跨文化交际理论的整合与系统化创造了有利条件。与此同时，学术著作和教科书也大量出版，还有专门出版跨文化交流领域书籍的出版机构，如SAGE出版社和跨文化出版社等。另外，许多院校还开设了跨文化交流的课程。据统计，1977年美国有450多个教育机构设有"跨文化交流"的课程，有的大学还颁发跨文化交流学的硕士和博士学位。

（四）20世纪80年代以后：跨文化交际研究的纵深发展

20世纪80年代之后，跨文化交际的研究更是方兴未艾。70年代从学校训练出来的跨文化交际学者，在80年代开始掌握了跨文化交际研究的方向。70年代庞杂的研究现象，到此期已有了较清晰的研究轮廓，三本主要的著作，代表了跨文化交际研究在80年代的走向：

（1）William B.Gudykunst（1983）编辑的《跨文化交际新理论》，该书新版更名为《跨文化交际理论》。

（2）William B.Gudykunst & YoungYunKim（1984）合编的《跨文化研究模式》。

（3）Asante & William B.Gudykunst（1989）合编的《国际跨文化交际手册》。

到了20世纪80年代，霍尔仍旧发表不辍，他出版了《隐藏的空间》《文化之外》《生命之舞：时间的另一个向度》与《广解文化差异》等书和大量的论文。理论的建立和方法的诉求，可说是这个时期的特色，这同时也显示了跨文化交际学寻求自我认同的努力。经历三十年的奋斗，跨文化交际在迈入90年代之后可说是已经成为一门成熟的学科。

二、中国跨文化交际研究现状

（一）跨文化交际学的引入

直到20世纪80年代初，许国璋于1980年在《现代外语》第4期发表题为“Culturally loaded Words and English Language Teaching”一文，标志着跨文化交际学在中国的起步。1983年何道宽《介绍一门新兴学科——跨文化的交际》（《外国语文教学》1983年第2期）和1985年胡文仲《不同文化之间的交际与外语教学》（《外语教学与研究》1985年第4期）的发表，率先将跨文化交际作为一门学科介绍给了国内学者，并探讨了这门新兴学科的基本内容、理论及其研究成果。这个时期的研究重点在于外语教学中的跨文化差异以及语言与文化的关系，集中论述的是文化与交际的关系、跨文化交际与外语教学、跨文化语用学、非言语交际等，如胡文仲（1994）主编的《文化与交际》和王福祥、吴汉樱（1994）编写的《文化与语言》等。

（二）中国跨文化交际学研究的特点

国内近年关于跨文化交际学的研究内容主要集中在跨文化语义、语篇、语用研究，跨文化交际能力研究和跨文化非言语交际研究几大方面。研究主要呈现出以下四点特征：

（1）参与跨文化交际研究的学者主要是外语教师、对外汉语教师、语言学家和心理学家，其中以外语教师为最。不同学科背景的研究者大多从各自领域的视角进行跨文化交际学研究，彼此缺乏应有的沟通与合作。

（2）既有继承，也有创新；既有共时研究，也有历时研究。许多学者将跨文化交际的共时研究与语言教学、语义学、语用学、语篇学、符号学、人类学、传播学等众多学科的研究结合起来，不断丰富和发展跨文化交际学。

（3）既有宏观的理论探讨，也有微观的描述与比较，还有一些基于汉语的应用性研究。

（4）着重于语言与非言语交际方面的研究，特别是语言与文化研究，较少涉及与跨文化交际有关的思想观点、文化传统、价值观念等方面的研究。

不过，纵观30多年的研究历程，我国跨文化研究依然集中于外语教学界，参与跨文化交际研究的学者主要是外语教师，需要更多的传播学、心理学、社会学、文化人类学等学科背景的研究学者加入。

第六节 跨文化交际的发展

一、跨文化交际研究的发展趋势

随着全球的经济一体化的进程不断加快，为推动世界各国的交往日益频繁，跨文化交际受到了广泛的关注，也使得各个领域的跨文化交际越发频繁。跨文化交际旨在通过不同的语言和文化背景，用一种通用语言的模式进行交际活动，缩小文化的差异性，增强交际双方的交流与合作。我国与西方国家交流与合作日益突出，跨文化交际越来越成为人们广泛关注的热门话题。因此，我们要站在科学的立场，吸收外来社会文化中的优势，取长补短，并进行自我完善，以便对跨文化交际的顺利进行做好准备。

关于跨文化交际的语用失误,国内外相关学者对其进行了大量的研究和调查，一大批理论成果相继问世。到目前为止，对跨文化交际的相关研究还存在一些不足之处。首先，目前没有对“跨文化语用失误”的研究进行明确的划分界限；其次，研究对象局限，只是简单地对语用语言失误进行研究，而忽略了非语言交际语用失误的存在；再次，在语料的收集方面仅仅侧重于对语际语用失误的研究，而忽视了对语内语用失误语料的收集；最后，大多研究语用失误也仅仅根据一些例子进行研究，具有片面性，没有对其源头展开深入的探讨。

目前有很多的学者对言语行为、非言语行为等方面进行了研究，同时还对产生原因进行深入的研究。研究的内容具有现实指导意义，并详细系统地分析了产生语用失误的原因。但是分析还具有局限性，单从文化层面探讨是不行的，还需要对语用方面进行深入的论述。在对以后的语用失误进行研究的时候，我们要充分考虑从言语和非言语交际两个方面进行探讨，利用多种调查手法，最终目的是对语用失误的原因进行全面、深入而系统的研究和分析。并在此基础上进行全面总结，用有效的方法避免语用失误，使得跨文化交际的能力得到切实提高。

综上所述，对跨文化交际的研究的成果还存在很多的不足，但是在现存的研究中也有一些非常重要的实用意义，在以后的研究过程中，对不同的语境产生的语用失误，要充分考虑言语和非言语交际两个方面，这样才能做到全面分析语用失误，找到适合不同语境的解决方法，进一步提高跨文化交际的能力，避免发生语用失误。

二、对跨文化交际的建议

虽然跨文化交流存在政治因素，但未来跨文化交流的主体是当今的年轻人。所以我们应该把发展重点放在年轻人身上。毕竟，他们是未来在世界舞台上活跃的主要力量。在学习各种专业知识的同时，首先要掌握一些不同民族的传统文化和跨文化交际策略，提高他们的综合修养和文化素质，灵活应对不同文化背景下的交际冲突。在不同国家的学校教育中，目的语的培养都是以目的语课程为主，课程内容主要是目的语的基础本体知识和一些简单直接的沟通技巧。文化背景和跨文化交际策略的知识较少，所以我们在课堂上学习外语知识和技能时，经常感到沟通困难。无论对国际贸易谈判的摩擦还是个人接触异国文化时的曲折经历，国际社会的复杂性、文化多样性和文化背景存在的民族的意义理论告诉我们：有效的沟通不仅是一种语言技巧的问题，还涉及很多文化因素。因此，在课堂教学中应注意不同文化语境下的语言规范和文化内容。我们必须了解不同文化之间的差异，从不同的文化背景中学习交流过程中需要注意的会话原则，从会话原则和礼貌原则的角度去发现交际问题背后的文化因素。只有这样，我们才能从宏观的文化视野中看到语言技能，从而促进跨文化交际的成功。那么我们如何发展我们的跨文化交际呢？

跨文化交际首先应该普及的是文化平等关系的知识。不同的国家和文化有各自的价值和意义。文化更多的是相互借鉴和吸收，以开放的态度包容丰富多彩的文化。各国人民在继承和发展世界优秀传统文化的同时，也要平等地理解各国文化。只有这样，我们才能为跨文化交流奠定文化基础，也只有这样，我们才能了解各个国家的文化背景，以及具体的交际原则，才能提供优秀的源泉。

在学习各种语言知识的过程中，应注重文化背景知识的渗透。语言知识不仅教会学生语言本体论的基础知识，还包括语言项目展示和实践过程中的具体文化背景知识。这不仅有利于学生充分掌握和理解语言，也赋予了语言知识的骨架，使抽象而死板的语言符号成为富有情感色彩和个性品质的语言文化的形象魅力。对我们来说，在英语教学中，我们应该要求外教在教授中国学生时，首先掌握英语单词的发音、语义、词汇和语法等重要知识点，使课堂知识量充实、趣味性强。另外，必须在基础语言知识中找到特殊的文化点，然后对这些文化点进行整合和解释。这必然对教师的综合素质提出更高的要求。教师不仅要有坚实的和准确的英语基本技能，也要有很高的文化素养，熟悉自己国家的传统文化，理解中国和西方文化之间的差异及这些差异对英语语义和语用的影响。因此，我国教育部门在选择英语教师时必须有一个完整、合理、科学的程序。同样，我国在选择优秀的汉语教师到国外传播中国文化时，也应该有一个科学合理的选择体系，以保证汉语知识的教学和传授的中国文化的质量。提高外国人学习汉语的积极性，这不仅直接影响到跨文化交际，也有助于中国文化的传播和国家软实力的发展。

每一所学校，每一位老师，在制定本学期的教育目标时，除了明确上面提到的具体的语言知识点和教育点外，还必须考虑可以渗透的文化点。影响语义学和语用学的是多种文化因素，它主要围绕会话原则所蕴含的特定语言意义的文化内涵和语言背后的文化背景展开。其中最重要的是后者，即文化背景知识的传授。因为我们不能机械地把语言知识传授给学生，让学生把知识僵硬地运用到实践中去。毕竟，文化是活的，它不同于特定的文化符号。那么，应如何教授特定的文化背景知识呢？

第一，在具体的语言本体知识教学过程中，详细说明影响某一词语义和语用学的各种文化因素。例如，我们提到了语言形式和语言意义之间的关系，或者在不同文化背景下的某些语言表达之间的差异。

第二，开设专门的文化背景课。如在中国开设英美文化课程，在国外开设中国文化课程。通过专门的课程设置，专业教师对会话原则所隐含的文化背景差异进行课堂和分层教学，从而影响文化交际。例如，了解各个国家的本土文化下的交际会话原则与母语文化下的交际会话原则的差异，理解意识形态的差异，这将使学生充分理解导致交际失败的种种情况，从而提高跨文化交际的成功率。

第三，通过课文归纳对比，有两种比较方法：一是运用两篇课文的主要思想进行总结。选择角度必须代表两国不同的传统文化，包括宗教信仰、价值取向、社会习俗、思维方式等方面的差异。通过内容的总结，比较不同国家不同文化之间的差异。二是具体课文词汇教学。比较两个具有相同意义或相似意义或相似形式的词，我们可以总结出特定词的意义或形式差异，以及词的文化意义和延伸意义的差异。特别是对那些具有文化典故和人物典故的词语进行重点阐述。

第四，学校提供阅读课和观赏课，允许学生阅读大量的经典小说和观看目的语国家的优秀影视作品，学生进行适当的分析和总结，教师对此进行评价和解释。学生从实践中发现不同的交际差异，分析不同的文化习惯。这样，学生不仅学习了语言的本体基础知识，而且还学习了语言所包含的社会文化背景知识；不仅培养了学生的语言能力，也培养了社会文化能力。这对跨文化交际能力的培养具有重要作用，这种模式的发展必将成为外语教学的一条新的发展途径。

三、跨文化交际的重要意义

跨文化交际是一门新兴学科，是经济全球化和国际交流发展的产物，它的发展必将促进国际交流和全球经济的发展。引导人们掌握跨文化交际是时代的潮流和世界发展的必然要求。

跨文化交际是一种超越国家、民族、文化的综合交际管理能力。学习跨文化交际无疑会极大地拓展个人、企业乃至国家的发展空间和综合竞争力。

首先，对于个人来说，个人会扩大自己的文化范围，加强自己的文化修养和文化观念，掌握在交际中要学习的不同文化背景，掌握在交际中使用的合作礼貌原则的质与量。个人组织协调能力、沟通管理能力、社交能力的提高对个人的职业发展和跨国事业发展有着重要的影响。

其次，对于企业来说，提高跨文化交际能力将积极影响企业的国际化，促进经济的持续快速发展。一方面，它将改变企业的产业结构，使其发展成为国际产业；另一方面，它将促进企业人才知识结构的高度化和专业化，使其跨文化交际能力渗透到企业发展的长远思路中。

最后，对国家而言，跨文化交际的发展和跨文化交际能力的提高，将大大提高中国在国际舞台上的发言权，并对国家的主权独立和领土完整产生积极影响。中国要在外交上掌握主动权，坚决抵制文化霸权主义，世界多极化格局将在和平中稳步发展。此外，文化背景因素渗透跨文化交际的原则帮助我们了解中西文化之间的差异，有利于中西方进行文化交流的和谐稳定。跨文化交际研究有助于我们观察和审视中国传统民族文化，从全球的角度来看文化环境，并进行多方面、多角度比较，从而面对世界，博采众长。

第二章　跨文化交际理论

在过去的二十多年间，学者对跨文化交际理论的研究有了质的飞跃。1983年，对于跨文化交际理论的初步探讨首次出现在《国际与跨文化交际年鉴》中。随后，跨文化交际的理论探索渐入佳境，学者们互相借鉴、综合研究，使跨文化理论的发展突飞猛进，至今已有十几种之多，涵盖了跨文化交际研究的各个方面。本章主要就一些研究比较成型、实践性较强的跨文化交际理论做详细论述。

第一节　意义协调理论

人们常常把谈话当成生活中最理所当然的事。其实人们在交谈时经常按照大家预期的方式说话，这是约定俗成的方式。为了了解交谈的本质，人们常常使用意义协调理论。该理论是由美国传播学大师W. 巴内特·皮尔斯和弗农·克罗农提出的。他们认为交际过程受到规则制约和指导，因此，规则在该理论中具有重要的地位。意义协调理论一般指个体如何确立规则、创造和解释意义以及这些规则如何在交谈的意义协调中使用。

皮尔斯和克罗农把生活比作“没有导演的戏剧”，谈话则是这场戏剧中的主要产品。由于没有导演也没有剧本，所以情节错综复杂，演员们根据自己的经验获得意义，同时又不停地与他人协调着他们的剧本。“实际上，那些能够读懂他人剧本的人在交谈中能够保持前后一致；而那些读不懂剧本的人则需要协调他们的意义。”可见，对谈话剧本达成共识非常困难。皮尔斯和克罗农这个鲜活的比喻阐明了意义协调理论的本质。该理论是在哲学、心理学、教育学的研究成果之上提出的。

一、意义协调理论的前提假设

意义协调理论关注的是个人以及个人与他人的关系，并且它揭示了个体如何把意义赋予某个信息。该理论有以下几个前提假设：

1. 个人生活在交际之中；

2. 人类共同创造社会实在；

3. 信息传递依赖于个人意义和人际间的意义。

意义协调理论的第一个假设说明了交际在人类生活中的重要地位。皮尔斯认为人类交际的重要性超出了我们的想象，也就是我们生活在交际之中。意义协调理论认为社会情景是互动创造的。也就是说，正在进行社会交往的两个人共同创造了谈话的意义。交际活动中的每个人都是人际交往系统中的重要组成部分，而同时人际交往系统又能帮助解释每个人的行为和反应。可见，个体创造了交谈的现实，所以每个互动都具有独特性。西方学术界倾向于把交际看成是无色无味的思考和表达工具，皮尔斯和克罗农则与传统观念相悖，他们认为只有重新审视交际，在新的语境中理解交际才能更好地理解人类的行为。所以，首先要承认交际的重要性。

意义协调理论的第二个假设是人类共同创造社会实在。这里所说的社会实在，是指个体对意义和行为的理解与他人交际互动的符合程度。在两个人交谈之前，就已经有各自的交谈经验，在谈话中，两个人从不同的起点进入交谈，交谈的结果又会产生新的社会实在。可以说，在双方的共同努力下创造了新的社会实在。

意义协调理论的第三个假设是信息传递依赖于个人意义和人际间的意义。所谓的个人意义指的是个人在与他人互动的过程中，从个人独特的经验出发获得的意义。个人意义来源于人们过去和他人交往的经验，所以在这一点上体现了巨大的个体差异。个人意义在交际中具有重要的意义，有利于人们发现关于自己的信息和关于他人的信息。当互动的双方对彼此的解释达成一致意见时，他们也就获得了人际间的意义。人际间的意义是由参与者共同创建的，它来自不同的情景。由于人与人之间的关系非常复杂，所以获得人际间的意义可能需要一定的时间，在交谈中，人们不假思索地获得了个人意义和人际间的意义。

以上是意义协调理论的三个假设，可见该理论关注的中心是交际、社会实在和意义。

二、意义协调理论的应用

意义协调伴随着人们交谈的始终，但是却很难描述，唯一的办法是观察日常生活中人们的行为。由于人们的能力和天赋所限，意义协调经常出现问题。当人们试图从谈话信息中获取意义时，意义协调也就开始了。人们交谈中意义协调的结果只有三种：第一种是双方达成一致；第二种是没有达成一致；第三种是达成了一定程度的协调一致。而在现实中，第三种情况发生的概率比较大。

（一）意义结构的等级

意义协调理论的学者认为，意义可以分为六个层次：内容、言语行为、契约、情节片段、生活剧本和文化模式。它们之间的关系是：一个层次包含在另一个层次之中，内容是意义的低级层次，文化模式为最高级的层次。高级层次的意义能够帮助人们理解低级层次的意义，同时，人们是在不同的层次上对意义进行解释的。

内容是人们接触到的原始数据，也可以说是未经解释的刺激，它包括行为、噪音、视觉刺激等形式。内容层次是原始数据向意义转换的第一步。

言语行为是指“通过说话而执行的行为，包括抱怨、侮辱、承诺、断言和质疑等言语行为传递了讲话者的意向，而且指明了一个特定的交际应该如何进行。例如，当你对爱人说出“我爱你”的时候，这三个字就是言语行为，因为这句话还充满着感情语气。皮尔斯认为，言语行为不是物体，它们以意义的逻辑和交谈行为表现出来。人们共同创造了言语行为。

契约是第三个层次。它是指处于一定关系中的人对双方关系的可能与限制达成的同意。契约对行为作出规定，是行为的指导方针。契约还规定了关系的边界，帮助区分了我们和他们。而且它为态度和行为提供参考，比如，双方如何发言，或者有哪些话题是交谈中的禁忌。

情节片段是指有明确的开始、发展和结局的交际惯例，它描述了人们行为的语境，人们在情节片段的强调程度上存在分歧。不同的强调意味着对情节片段的不同表达，因此，就有同一情节片段的局内人视角和局外人视角。值得注意的是文化是情节片段的基础，当人们在决定情节片段该如何发展时，总是怀有各自的文化期望。

生活剧本是指一系列过去的、现在的情节片段，生活剧本是与人们的自我感觉相关联的事物。每个人经历的生活剧本各不相同，存在很大差异。生活剧本还包括两个人一起创造的那些情节片段。

文化模式是关于世界秩序以及与世界秩序的关系的整体图像。在解释意义时，个人与文化的关系非常重要。当来自不同文化背景的人们以各自不同的视角解释意义时，就会产生交际的障碍。

在交谈的过程中，意义层次的作用十分重要。每个人的经历不同，互动的方式也不同，因此，人们之间的意义等级有很大差异。意义等级的区分有利于我们理解意义协调和管理意义。

（二）影响协调过程的因素

意义协调是一个复杂的过程，受到几个因素的影响，其中包括道德感和是否可获得资源。

意义协调需要个体考虑到更高的道德规则。道德感涉及伦理，道德规则的实质是个体在交流中表达伦理立场和观点的机会。伦理是谈话内在的组成部分。在交际中，每个人把不同的道德规则带入谈话中，人们扮演着不同的角色，如朋友、恋人、员工、丈夫等。每一种角色都享有不同的权利，同时承担不同的责任。比如在一些文化中，男性被认为是领导者和家庭保护者的角色，这种与女性的义务的冲突，就会影响他们交谈过程的协调。

此外，一个人的资源获得能力也会影响意义协调。皮尔斯所说的资源指的是“人们用来使自己的世界充满意义的故事、形象、象征和制度”，皮尔斯认为资源还包括感知、记忆和帮助人们与他们的社会实在保持一致的概念。协调在交际中非常重要。有时候，与他人的协调非常简单，有时非常困难，因为人们把不同的资源带入谈话，根据自己对意义的理解来做出反应。

（三）意义协调的规则

意义协调理论的核心之一就是规则。意义协调理论的建立依据是规则论的立场。他们认为，个人管理和意义协调的方法之一是使用规则。意义协调理论的支持者认为，规则给予人们选择的自由和空间。一旦对话的规则确立，交际双方就在规则给予的框架内享有足够的自由空间。交际双方在交谈中能够使用所需的规则，不仅需要具有使用规则的能力，而且还要具备举一反三的灵活应变能力，但是很难用文字描述这些交际的技巧。交谈中的规则不仅仅是对行为加以约束和规定，交际双方必须理解社会实在，并且根据交际的情境对自己的行为加以协调。

意义协调者认为规则分为两类，即制度性规则和调节性规则。制度性规则指的是在特定的语境下人们如何解释某个行为，如何通过一个层次的意义理解另一个层次的意义。制度性规则的存在使我们能够理解别人讲话的意图。比如，当你对父母、子女、恋人说“我爱你”的时候，这句话的含义并不相同。在不同的关系中，我们采用了不同的规则，所以双方会根据关系的类型和情节片段来理解对方发出的信息。可见，在交际中制度规则帮助人们对意义作出正确的理解。

另一种规则是调节性规则。调节性规则指人们采取的一系列行为，它们能够帮助引导谈话的发展方向。制度性规则帮助人们解释意义，但是却不对人们的行为加以指导，而调节性规则恰恰能够为人们的行为提供指导。可见，制度性规则与调节性规则有很大不同。

三、意义协调理论的批评和总结

皮尔斯和克罗农的意义协调理论试图探究交际者的内心情况以及他们如何管理意义。意义协调理论明确地以交际为基础，具有一定的启发性。该理论涉及的范围广，既可应用于自我交际又可以应用到人际交往中，目前该理论被广泛应用到交谈、文化社群、家庭、组织等领域的研究中。

尽管意义协调理论具有许多优点，但是有些学者也对它提出了批评。例如戴维·布伦德斯对“个体在与他人的交谈中引入独特的语言系统”提出了疑问。戴维·布伦德斯不赞同“意义是个人内在的经验”这个看法。他认为人们拥有共享的语言，那不是私人的产物，而是共享的象征意义的中介。皮尔斯和克罗农认为交谈中的使用规则因人而异，而戴维·布伦德斯则认为这一观点过于宽泛，并没有说明意义的社会属性。但是不可否认，这个理论有助于我们理解社会情境中规则的重要性。

第二节　言语代码理论

言语代码理论是由 Philipsen 在文化交际的研究中提出的基本框架。Philipsen（1992）提出言语代码理论，即“交际行为文化层面上的不同代码”，该理论认为社区谈话意味着交际行为的不同代码。文化交际中交际的功能就是保持个体主义和集体主义力量的健康平衡，提供一种身份的共享感，而这种感觉能够保持个人尊严、自由和创造力。在有着共享身份的文化交际中，维持两个次级交际过程的平衡可以使该功能得以实现。因此，文化交际牵扯到社区谈话中使用的文化代码的协商问题。社区谈话是人们协商如何“共同生活”的交流过程。Philipsen 指出“言语代码是指历史上制定的，社会中建构的与交际行为相关的概念、意义、前提和规则”。

一、言语代码理论的前提假设

Philipsen 的言语代码理论集中研究人们如何与他人交际。他认为文化是影响交际行为的最基本因素。他提出了五个前提假设解释了言语代码的基础。

1. 每一种文化，都拥有自己特定的言语代码；

2. 言语代码包含一系列体现文化差异的心理学体系、社会学体系及语言风格；

3. 言语的意义依靠听者和说者双方使用的言语代码对交际行为的创造和解释；

4. 言语代码的细则、使用规则以及前提与言语本身交织在一起，伴随着言语的始终；

5. 对共享的言语代码的巧妙使用是进行预测、解释和根据交际行为的可理解性、审慎性及道德标准对语篇形式控制的必要条件。

第一个假设的提出是由于言语代码或多或少都存在差异。Philipsen 等学者通过很多独立的案例研究已经证明人类的交际活动受到文化的影响。言语代码总是在特定的地点，被特定的一群人使用。当人们第一次同别人讲话时，人们经常要询问或者猜测这样的问题："他们从哪里来？"语言总是与特定地点相联系，例如，国家（美国英语、英国英语或者澳大利亚英语）、地区（南方、北方）和社区。

第二个假设认为言语代码同某个文化的心理学特征密切相关。它和人们如何看待自己有关。换句话说，某些态度、价值观、心理状态是某些文化所特有的。

第三个假设认为言语的意义不是取决于文字而是取决于使用它们的人。这就意味着要真正理解交际行为就要依靠人们的言语和人们使用的言语代码。交际中，人们发出某些行为，别人则对这些行为作出解释。这种解释要依靠言语代码才能够完成。言语代码的不同经常造成跨文化交际中的障碍。

第四个假设意味着言语代码经常显现，任何人都可以对它有所察觉。可以通过观察文化成员的交际活动来研究他们使用的言语代码；还可以通过某些仪式化的交际活动来发现言语代码，如打招呼的礼节。非裔美国人与另一个非裔美国人打招呼的方式就不同于他与白人打招呼的方式。人们会使用特定的词汇或者身体动作来表明彼此的联系和友谊关系。通过研究这些符号形式和交际模式，人们发现文化世界是有序的而不是杂乱无章的。

第五个假设认为巧妙地理解和使用言语代码能够提高交际效果。人们并不是像机器一样交际。尽管人们被言语代码包围，他们还是会反思这些代码，改变它们的典型模式。这就意味着有可能改变或者避免代码的某些方面。而且，情景也能够改变言语代码。这就要求交际双方能够同时成为交际活动的参与者和观察者，努力控制或者预测他人的言语和行为。

二、言语代码理论的应用

有一个例子可以帮助我们理解 Philipsen 的言语代码理论。飞机上的乘客们对飞机上提供的食物非常不满意。其中的两个乘客，他们都是非裔美国人，对乘务人员表示对食物的不满。但是乘务人员不懂得他们使用的言语代码，所以没有理解他们的意思。就在这时，另一个乘客，一位白人女性，主动为飞机乘务员提供帮助，她表示自己懂他们使用的语言。然后，三个人就开始交谈，他们的谈话对飞机上的其他乘客和机组人员毫无意义。这个例子很好地解释了文化影响人们交际的方式。

生活在同一文化中的人们，通常具有某些共同的特点和行为方式，例如，他们的服饰相同，对食物的品味相同，对事物持有很多相同的态度，他们在交际方式上也具有相似的倾向。某一文化社团的成员们共享语言使用和解释的一套规则。这就意味着人们使用语言（如词汇的选择、俚语、口音和句法等方面）、理解和解释语言的含义在某种意义上取决于人们的文化成员身份。例如，下面的一段对话：

JESSE：Yea，I'm think in bout getting some new ink.

GENE：Really，where you gonna put it?

JESSE；Oh，I don’t know，I've still got some clean spot.

这个对话让人难以理解。这里的“get new ink”是什么意思呢？为什么 Gene 对把它放在哪里如此关心？而“clean spot”又是指什么呢？他们是什么人，他们之间对话的文化功能又是什么？难道是 Jesse 想给自己的墨水笔买瓶墨水，而 Gene 认为 Jesse 脏乱的书桌上根本没有地方放它？其实，这段有趣的对话是发生在两个注重文化禁忌，热衷于使用委婉语的人之间的，他们都生活在某个重视禁忌，而且使用特定谈话规范的文化中。如果你是该文化的成员而且了解他们使用的“言语代码”，那么你就能轻松地参与到此类谈话中。你也会知道他们所说的“new ink”其实是指“新的文身”，而“clean spot”指的是身上没有文身的地方。你也就会理解该文化成员们如何从使用独特的交际代码来获得个人身份的满足感。

Jesse 和 Gene 在使用言语代码交谈，如果你也懂得这套言语代码，你就能理解和参与到对话中。

三、言语代码理论的批评和总结

Philipsen 认为“每一次社区谈话都在交流行为中留有不同的文化方式与文化内涵的痕迹”。群体成员参与社区谈话是人类生活的普遍现象，但是每一个社区谈话都有着自己的文化特点。他还认为“交际是在个人和社区生活中使文化的功能得以实现的具有启发性和实践性的资源”。社区功能包括“个人如何作为社区成员来生活”。说交际具有“启发性”是因为社区的新生儿与新来者都要通过交际活动来学习本社区具体的文化方式与文化内涵；说交际具有“实践性”是因为交际活动允许个人参与到社区谈话中去。

Philipsen 等人（2005）总结出了言语代码理论，并进行了实证研究，侧重于影响我们交际的文化和代码，这些学者认为我们运用文化和言语代码以使自己和他人的交际有意义；我们的文化和言语代码影响我们自己的行为；我们言语代码的“修辞力度”的大小取决于我们如何连贯地、合法地、艺术性地运用代码。

尽管言语代码理论为跨文化交际学提供了新的研究视角，还是有学者对它提出疑问。有的学者认为言语代码理论过于泛泛，没有考虑价值观念和道德伦理等因素。而且 Philipsen 没有讨论人们如何看待和感受他们每天所要面对的不同情景。

但是 Philipsen 提出的很多观点还是得到了人们的认同。每种文化的成员都共享一套区别于其他文化的言语代码和交际方式。这些代码对同一个言语社团的人们来说是沟通的桥梁，而对其他言语社团的人们来说则是沟通的障碍。尽管言语代码相对比较稳定，但是它们还是会发生变化。在某些情境中言语代码并不能预测交际行为。了解言语代码是对话和谈判的前提条件。值得注意的是，在翻译的过程中必然会丢失词语的文化内涵。词语并不是孤立的，它们从构成言语代码的符号中获得意义。

第三节　谈话制约理论

谈话制约理论由韩国学者 Min–Sun Kim 于 1994 年提出，他认为谈话制约是个体在交际的过程中，对于信息构建方式的最基本的关心。这种关心会影响个体参与的每一次谈话的特点，并影响个体的总体交际风格。事实上，这一理论所关注的并非“要说什么”，而是“如何表达要传递的信息”。

Kim 的谈话制约理论主要是来源于西方学者布朗和列文森所提出的礼貌理论。Browrl 和 Levinson 将其礼貌理论中的“理智的人都希望满足某种需要”这一论点加以扩展，于 1978 年提出了“面子理论”，第一次系统地从理论角度谈论面子。他们认为，人人都需要面子，面子是礼貌概念的根本，是人们交际时的心理基础，并且是个超语言概念。在 Brown 和 Levinson 看来，面子是人们交际中的心理现实，而维护面子是言语交际的最终目的，并且是普遍的语言现象。他们认为面子是可以在情感上被感知的，可以被丢失、保持或加强，并且在交际过程中需要被经常注意到，是每一个社会成员都想要为自己争取的公众自我形象。Brown 和 Levinson 把面子分为“积极面子”和“消极面子”：前者是指希望得到别人的喜爱、肯定和赞许；后者是指希望个人的自由不受他人的干预。在言语交际过程中，我们需要尊重对方的“积极面子”与“消极面子”。

但是，Brown 和 Levinson 认为，有些类型的言语行为本质上和交际者的面子相悖，它们对积极面子和消极面子都会产生威胁，并且对说话人和听话人的面子都可能造成威胁，这些言语行为被称为“威胁面子行为”。批评言语行为会威胁听话人的积极面子，在实施这一言语行为时，说话人要根据当时的社会情境和批评目的，选择合适的批评言语行为类型，以取得恰当的交际效果。面子理论认为人们会根据他们所感知的面子受威胁程度来使用礼貌策略，根据发话人与受话人之间的社会距离、权势差异以及言语行为威胁面子度等三个相互独立、受制于文化的变量，理性的发话人能够确定威胁面子行为（FTA）的严重性，进而采取相应的礼貌策略，完成信息传递并实现礼貌意图，进而也就减少了双方交际时的面子损失。这样，语言礼貌成为尽量减少威胁面子行为本质的手段，是一种策略。

基于以上的原因，Kim 认为人们在交际的过程中，会对其言语和言语表达的方式有所限制，以达到维护交际双方面子的目的。

一、谈话制约理论的内容

Kim 认为在交际过程中，存在五种谈话制约，包括：对于明确性的关心、对于如何将强加事物降低到最小程度的关心、对于避免伤害他人情感的关心、对于避免使听话者形成负面印象的关心、对于交际有效性的关心。

（一）对于明确性的关心

对于明确性的关心是指交际个体通过一句话语使得自己的意图变得清楚明确的可能性。在会话原则中，明确性是人们较为关注的问题之一。例如，说话者想要传递命令的行为，可以使用祈使句，如“请把钱还给我”。

（二）对于如何将强加事物降低到最小程度的关心

这一谈话制约主要是关于话语能够避免干预听话者自主行为能力或避免干涉听话者行动自由的程度。这种谈话制约往往涉及很多较为抽象的概念，如“消极礼貌”等，目的在于避免对他人强加命令或意图，因此这种谈话制约被认为是一种用来保护听话者消极面子的手段。美国学者 Scollon 认为当说话者认为听话者不愿合作或说话者愿意给予听话者不顺从的机会时，“礼貌”一词就带上了“对对方表示尊重”的含义。

（三）对于避免伤害他人情感的关心

当说话者做出要求的时候，他们也会考虑到自己的行为可能会影响到听话者的情感。因此，对于避免伤害他人感情的关心是指说话者认定的帮助听话者索取并保持积极自我形象的义务。例如，积极面子就是尊重对方情感状态的一种比较合适的手段；语气不平和的祈使句，则会很有可能伤害他人的情感。不注意这种谈话制约的说话者往往只注重完成其实际目的，而忽略了与听话者关系的保持和发展。

（四）对于避免使听话者形成负面印象的关心

这种谈话制约代表说话者有意避免使谈话对象对自己形成负面印象或评价。事实上，交际者对于自我的肯定取决于其本身认为他人如何看待自己。因此，交际者会尽量避免能够引起他人对自己消极评价的行为，这种谈话制约符合 Brown 和 Levinson 的观点，即说话者都有保持自己积极面子的愿望。

（五）对于交际有效性的关心

交际有效性是影响谈话技巧和策略选择的主要维度。当说话者为了完成某个目标去实施某种交际行为的时候，他们主要关心交际目标是否能够实现。对于说话者交际能力的判断主要取决于其所追求的交际目标完成的有效程度。虽然交际有效性并不是评价交际能力的唯一标准，但是，它却可以反映出谈话制约在社会交往过程中的重要性。

基于上述五种谈话制约，Kim 把谈话规则分为两种不同的类型：任务导向型谈话制约和社会关系型谈话制约。上述五种谈话制约的第一种和最后一种属于任务导向型谈话制约，其余三种属于社会关系型谈话制约。即任务导向型谈话制约强调谈话的清晰明确（如信息被清晰表达的程度）和交际的有效性；社会关系型谈话制约强调对他人的关心，注意避免伤害听话者的情感，并尽量不要把意见强加给听话者。在跨文化交际过程当中，我们也要注意根据不同的交际情景，选择不同类型的谈话制约形式。

二、谈话制约理论的应用

Kim 研究的另一个主要问题就是如何在跨文化交际中做到“恰当”和“有效”，

他认为以往的跨文化交际理论虽注意到达到“恰当”和“有效”的重要性，但是却忽视了如何达到“恰当”和“有效”。

他认为无论在何种文化情境中，社交“恰当性”和“有效性”的本质特点都是一致的。但是，对于已经习惯于不同社会传统的人们来说，达到“恰当”和“有效”的手段却不尽相同。“恰当”和“有效”这两个因素只适用于解释某一种文化之中的交际行为，因此，二者在跨文化交际的过程中，则显得过于宽泛。

对此，Kim 给出两种解释：首先，在任何文化中，都会存在为取得成功交际而对避免负面评价和取得有效性的不同程度上的关心。但是，文化之间是存在巨大差异的，导致不同文化看待和评价有效性的方式和标准存在巨大差异。另外一种解释是，在五种谈话制约中，在某些文化中，某种或某几种谈话制约是显而易见的，但是如果转换到另外的一些文化之中，这些显而易见的谈话制约就会和其他的谈话制约发生混淆。例如，有时，当人们想要降低他人的负面评价并提升交际有效性时，对于明确性的关心、对于如何将强加事物降低到最小程度的关心、对于避免伤害他人情感的关心这三种谈话制约就会与前两者发生混淆。

此外，Kim 在交际策略的选择中解释了跨文化交际的差异性。他尝试将集体主义文化和个体主义文化的差异同谈话制约联系起来，即比较集体主义文化和个体主义文化中，人们对谈话制约使用所存在的差异。

针对不同的文化群体，他进行了调查研究，目的在于发现不同文化群体在交际行为的结构和内容的认知上存在哪些差异，其中主要关注的是在谈话过程中，人们有何种关心。通过研究，Kim 针对谈话制约和个体主义—集体主义文化的关系，形成了几点认识。

虽然个体主义文化和集体主义文化都注重这五种谈话制约，但是，不同的文化对于这五种谈话制约的偏爱程度却存在差异。集体主义文化更倾向于使用社会关系型谈话制约，即集体主义文化成员注重对他人的关心，注意避免伤害听话者的情感，并尽量不把意见强加给听话者；个体主义文化更倾向于使用任务导向型谈话制约，即个体主义文化成员注重谈话的清晰明确（如信息被清晰表达的程度）和交际的有效性。

Kim 提出集体主义文化成员在交际过程中，更注重关系问题，即面子问题。较之个体主义文化成员，集体主义文化成员更注重面子，他们对面子的要求标准更高，会选择能够最大化面子支持的策略。与之相反，个体主义文化成员比集体主义文化成员在达成目标的过程中，对信息传递的明确性和交际达到的有效程度的要求更多，门槛更高。

Kim 还认为：目标追求过程中，依赖型自我阐释的个人比独立型自我阐释的个人更看重不伤及听者感情和尽量少地强加意见于人；而独立型自我阐释的个人比依赖型自我阐释的个人把透明度看得更重要；具有双重的自我阐释类型的个人则同时看重关系限制和透明度限制。

此外，Kim 的另一个独到之处是采用被认可的需要、控制的需要以及社会性别角色等来阐释谈话制约。他认为个体越渴望赞同，他们就越尊重听众的感情，越不把意见强加于人；个体越渴望支配，他们就越强调透明度。个体的心理性别角色越男性化，就越强调透明度；越女性化，则越强调不伤害听众的感情及不把意见强加于人。

三、谈话制约理论的批评和总结

Kirn 的谈话制约理论对于跨文化交际的研究作出了巨大的贡献，他有效地吸收与借鉴了前人的观点，形成了独到的视角。他把语用学中的谈话现象与跨文化交际有机地结合起来，研究角度具有创新意义，为后人的研究提供了良好的基础。

尤其是他将同一交际过程中的调节文化变异性及个人层面的因素融合成一体，在他随后的研究中，有支持文化层面的，有支持个人层面的，更有对两个层面的效果进行比较研究的。

第四节　期望违背理论

在跨文化交际中，非言语交际所占的比重有时比言语交际还要大。为了理解非言语交际及其在谈话中对信息的影响，朱迪·伯贡提出了期望违背理论。伯贡和她的许多同事研究了各种信息以及非言语交际对信息产生的影响。伯贡在讨论非言语交际与信息的关系时提出："非语言线索是信息创造和解释中始终存在的重要组成部分。"这个理论采取的是实证的和普遍规律的取向，它最初被称为"非语言的期望违背理论"。但是伯贡后来去掉了"非语言的"这个词，因为这个理论现在研究的问题已经不仅仅局限于非言语交际领域。从 20 世纪 70 年代晚期这个理论提出以来，期望违背理论已经成为研究非言语交际对行为影响的主要理论。

期望违背理论认为，人们对他人的非语言行为抱有期望。伯贡指出，在交际者之间，交谈距离如果发生期望以外的变化会造成生理唤起，经常还会产生模糊的意义。对期望违背中所蕴含意义的解释，取决于"违背者"的受欢迎程度。

一、期望违背理论的假设

期望违背理论关注的是在谈话过程中，如何从他人以及他人的行为中获得信息。这个理论有三个前提假设：（1）人类的互动行为受到期望的驱使；（2）对人类行为的期望是后天学习的；（3）交际者获得的奖励的价值会影响对背离期望的行为的评价。

（一）人类的互动行为受到期望的驱使

第一个假设说明，人们在与他人的互动中总是带着期望。换句话说，人们的互动受到期望的驱使。期望（expectations）可以被定义为：在与他人交谈过程中，预测的和预先规定的认知和行为。因此，期望必须包括个体的非语言行为和语言行为，在早期的期望违背理论研究中伯贡（1978）提出，人们并不把他人的行为看成是随意的，人们对他人的思想和行为方式具有不同的期望。如果你是一个面试官，你会期望应聘者采用什么样的非语言行为和语言行为？许多主持面试的人肯定会期望对方表现出一定的自信，如热情地握手、流畅地问答、积极地倾听等。应聘者也希望在面试过程中与面试官保持一定的距离。伯贡和其他期望违背理论研究者认为，无论是在面试的场合还是在两个之前存在一定关系的人之间的讨论，人们在进入互动时总是对应该如何传递信息有许多期望。

朱迪·伯贡和杰罗特·黑尔提出，共有两种期望：互动前的期望和互动中的期望。互动前的期望包括交际者互动的能力。换句话说，在他/她进入对话之前，交际者拥有什么样的互动知识和技能。人们并不总是知道进入或维持对话需要什么条件。比如说一些交谈者可能非常喜欢争论，而另一些交谈者则极为被动。许多人并不期望在他们的对话中遇到这类极端行为。互动中的期望指的是个体进行互动的能力。大多数人期望与他人保持适当的交谈距离。此外，在与他人沟通时，他们还经常期望看到像长时间视线接触这样的倾听行为。在研究互动前的期望和互动中的期望时，这些行为以及其他许多行为非常重要。

当然，根据交际者文化背景的不同，这些行为也会因人而异。此外，我们的期望是否得到满足经常还会受到我们所在的文化，以及我们是否把文化模式内化到谈话期望中等因素的影响。这些影响因素把我们引向期望违背理论的第二个假设。

（二）对人类行为的期望是后天学习的

人们不仅从文化中学习期望，还从文化中的个体那里学习期望。比如，美国文化告诉人们，师生关系更强调教师这一方。虽然在大多数高校中没有作出明确的规定，但是教师一般比学生享有更高的社会地位，因此在他们与学生的关系中存在某些期望。比如，人们期望教师在专业领域能够有渊博的知识，能够用清晰的方式向学生说明知识，当学生对某个问题不理解时能够随时提供帮助。人们还期望教师能够以一种谨慎的方式与同学发生身体接触，因为男女同学对教师的身体行为会产生不同的反应。师生关系只不过是人们从文化中学习关系期望的一个例子，因此老师与学生之间的任何讨论都在一定文化决定的如何交往的期望之中进行。许多不同的社会机构（如家庭、媒体、商业和工厂等）决定着应该遵循什么样的文化模式。这些一般的文化规则最后体现在个体的具体交谈之中。

处于一定文化中的个体也会对交际期望产生影响。伯贡和黑尔（1988）评论说，对他人的了解、我们与他们的关系史以及我们的观察，这些差异也都值得重视。此外，期望还受到观察的影响。比如某个家庭习惯于彼此之间距离很近，但是这个习惯并不适用于所有家庭。当遵循不同社会规范的人进行交谈时，就会发生许多有趣的事情。因为对交谈距离的期望因人而异，它可能会影响人们对互动的感知，或许还会引起其他后果。

（三）交际者获得的奖励的价值会影响对背离期望的行为的评价

期望违背理论的第三个假设与谈话中我们的期望得不到满足有关。伯贡认为，当人们背离期望时，这种背离是否被接受取决于它对他人的回报。伯贡、德博拉·科克尔和雷·科克尔提出，并不是所有的期望违背行为都必然导致负面的感知。研究者还进一步说明："当一个行为的意义比较模糊或可以作多种解释时，如果交际者提供的回报很高，其违背行为则会被赋予积极的意义；而如果交际者提供的回报很低，其违背行为则会被赋予消极的意义。"在交际过程中，交际者可以提供多种回报，包括微笑、点头、身体吸引、相似的态度、社会经济地位、可信性和能力。伯贡认为，人们在交谈中既能提供奖励，也能提供惩罚；她还认为，人们能给互动带来积极的和消极的特征。她把这种情况称为交际者奖励效价，即交际者积极的和消极的特征之和以及所带来的回报和惩罚。

伯贡认为，所谓奖励就是一系列令某个人更讨人喜欢的特征。根据期望违背理论，对违背的解释常常取决于交际者及其价值观。我们可以用这一假设来解释不同情境中的行为。在公交车里长时间地盯着某人看可能不是一个讨人喜欢的行为。但是如果把行为主体换成恋人，这个行为就令人感到高兴。如果宴会的主题发言人在发言时看着听众头上的地方，许多人就会因为缺乏视线接触而感到迷惑。但是如果陌生人在街头擦身而过，没有眼神接触就是意料之中的事。最后，文化差异也会影响对视线接触的感知。如果一个妻子一边告诉丈夫自己很爱他，一边却避免视线接触，这肯定会和有视线接触时的评价不一样。但是，对行为的解释也会因文化而异。一些人（比如爱尔兰裔美国人）期望另一个人在说一些像“我爱你”之类非常私人的信息时，直接注视着他们。但是另一些人（比如日本裔美国人）则不会认为视线接触有这么重要。在上述这些环境中，对期望的惯常行为的违背可能会因为我们对交际者的接受程度而产生不同的解释。

二、期望违背理论的应用

期望违背理论可以在实际工作中起到作用。比如，在面试中，面试官可以通过对面试者期望的违背来减轻其紧张度，相反，也可以通过对面试者期望的违背来考查其心理承受能力以及应变能力。在下面的案例中，珍妮特利用期望违背理论，最终确定苏珊是适合工作的人选。

苏珊是一个有两个小孩的 40 岁的母亲，她即将参加一家公司的面试。她认为凭自己的生活经验足以应付任何刁钻的问题，因为她曾是女童子军的团长，在中学的家长—教师联合会管理过财物，还兼职做执行助理。她认为这些经验会对回答面试的问题非常有帮助，所以她充满了信心。

虽然信心十足，但是苏珊还是突然对与公司的人力资源部代表珍妮特见面感到紧张。当办公室助理告知她即将开始面试时，她来到办公室，敲了敲门，然后走进房间。当她走到离大办公桌 10 英尺以外时，珍妮特抬起头问道：“你是苏珊女士吗？”苏珊回答道：“我就是。”珍妮特接着说：“好的。走近一些，坐下来，我们聊聊。”

当苏珊开始面试时，一种紧张感油然而生。珍妮特感觉到苏珊很紧张，她问苏珊喝咖啡还是茶。“谢谢，不用了。”苏珊说。

“那么，为什么不坐下？”珍妮特问。

苏珊真的很想得到这份工作。她和丈夫为这次面试作过准备，昨天晚上他问了她各种问题。她不想失去得到这份工作的机会，当两个人坐下来开始聊工作和职责时，苏珊的心里开始紧张起来。为什么她会如此紧张？她也曾经面对过许多人，而且她自己对于这份工作很有经验。珍妮特谈到了苏珊的工作责任以及向谁报告。当谈到这些内容时，珍妮特开始在办公室里走来走去，并不时地斜靠在苏珊椅子前的办公桌上。珍妮特还有许多不同的问题要问，而且想多听听苏珊的意见。但是，苏珊还是非常紧张。

“你最近看过什么精彩的电影吗？”珍妮特问。“噢，对不起，我没有时间看电影。”苏珊回答。“我能猜到原因，你是一个大忙人，我非常惊讶你能同时做这么多事。你的孩子非常幸运。休息的时候你和家人做什么？”

“噢，我确实有闲下来的时候，我会试着花更多的时间与孩子们在一起。”谈到她如何照顾两个女儿时，苏珊感到更放松了。接下来她谈到自己如何能够同时处理许多事情。

珍妮特说：“太好了！让我们再谈谈你如何处理工作最后期限的问题。”

很显然，随着谈话的进行，苏珊感到越来越适应。最后，她消除了紧张，而且为自己正在成为该公司的职员而感到高兴。

苏珊开始与面试官交谈的时候有一种紧张的感觉，她一开始与对方进行互动时，就对他们之间空间的变化感到不安。珍妮特在面试过程中向苏珊靠近，使苏珊感到不舒服。但是，当谈话内容转向苏珊的孩子时，她就不再把珍妮特与她的接近看成是对自己信心的威胁。珍妮特在面试中的亲近虽然是违背期望的行为，但是苏珊可能把它看成是正面的行为。珍妮特的行为之所以被认为是正面的，是因为其他的一些特征，比如她得体的行为方式和对苏珊的孩子的兴趣。通过这种对于期望的违背，珍妮特使苏珊减轻了紧张感，使面试顺利进行，取得了成功。

三、期望违背理论的批评和总结

朱迪·伯贡的期望违背理论是少数几个专门关注非言语交际的理论之一。该理论的假设和核心概念明确说明了非语言信息和传递过程的重要性。期望违背理论也帮助我们进一步理解期望是如何影响谈话距离的。但是这个理论没有涉及交际者心理的变化和交际者在交谈过程中如何时时监控非语言行为。

这个理论的价值可能来自它的范围和边界。期望违背理论在这两方面非常明晰，因为它关注的就是非言语交际，当然，后来在理论的应用中又转向了语言信息。虽然非言语交际是一个非常广的领域，但是伯贡及其同事所进行的大量研究集中在个人空间问题上。她也调查了诸如注视等其他非语言行为，但是她最初的工作在研究范围方面还是非常明确的。她在研究中还讨论了陌生人之间和家庭成员之间的个人空间，因而扩展了原始模式的研究领域。

除了在研究领域方面做得比较出色以外，期望违背理论也是一个非常实用的理论。伯贡的理论在如何获得良好印象和空间侵犯的意义方面提出了很多有用的建议。此外，这个理论的解释非常清晰，逻辑严密。从早期的论文到最近的研究，使用期望违背理论框架进行的研究保持了清晰性。

最后，期望违背理论还是一个可检验的理论。可检验性要求一个理论有明确具体的概念。实际上，伯贡（1978）是少数几个从理论一提出就明确地对概念作出界定的理论家之一。她提出的概念明确、可检验，为未来研究者的操作和重复检验提供了很好的基础。

一些研究者对伯贡的研究方法提出了意见，这些批评引发了一些争论。比如，格伦·斯帕克斯和约翰·格林提出，自我感知和唤起的测量不太合理。他们特别指出伯贡及其同事没有能够建立有效的观察测量指标，因此“只有研究的有效性得到说明，我们才能接受非语言测量指标的正确性”。这些学术化的讨论看上去可能无关紧要，但需要注意的是，唤起是期望违背理论的关键概念。伯贡在回应这个批评时，首先声明格伦·斯帕克斯和约翰·格林并没有公平地反映伯贡研究中的目标。此外，伯贡和拉波尔反驳说，因为唤起是一个复杂和多层次的概念，所以他们定义唤起的方法仍然是有效的。

期望违背理论是一个重要的理论，因为它提出了一种联结行为和认知的方式。它是少数几个让我们能够更好地理解我们以及他人的需要和个人空间的传播理论。因此，伯贡的研究对于跨文化交际学来说仍然非常重要。

第五节　焦虑/不确定性管理理论

1975年，Berger和Calabrese最早提出了“减少不确定性”理论（URT）。1985年，古迪昆斯特将之同“社会身份理论”整合在一起，把这一理论扩展到跨群体交往的范围，迈出了“焦虑/不确定性管理理论”（AUM）的第一步。1988年，Gudykunst提出了一个概括性理论，即用“不确定性”（如无法预测或解释他人的态度、行为和感受）和“焦虑”（如感到不安、紧张、担心或忧虑）来解释人际或群体际有效交流的问题。这就要求将误解减少到最小。在AUM理论里，跨文化交际是跨群体交际的一种。Gudykunst又使用Simmet提出的“陌生人”概念（如个体存在于某一环境下，但却并非该群体的成员）作为理论设计的核心概念，并将这一原理应用到外交领域。

Gudykunsl加入了能力指标框架扩展了该理论，并首次使用了“AUM”一词。在该理论版本中，Gudykunst把以往的超理论假设进行了细化。该理论的假设避免了极端客观主义和主观主义的立场。Gudykunst增加了理论中公理的数量，以使理论更易理解和应用。该理论也包含了伦理问题以及不确定性和焦虑的最大和最小限度（如有效交际要求交际者的焦虑和不确定应介于最大和最小限度之间）。当焦虑和不确定性高于最大限度时，就无法有效交际（例如因为我们过分关注焦虑或者不能预测陌生人的行为）；当焦虑和不确定性低于最小限度时，由于不在意发生的事件（由于焦虑小）或是过于自信所作的预测（由于不确定性小），也无法有效交际。对最小和最大限度的关注致使理论核心从“焦虑和不确定消减”转向了“焦虑和不确定管理”。

Gudykunst又引入了Langer提出的“留意（mindful）”这一概念，作为AUM和有效交际的折中点，Langer认为“有意识”包括“接纳新信息”“察觉各种变化”“对不同语境保持敏感”“留意各种视角”以及“适应当前环境”。

他假设个体的交际受到他的文化和群体身份的影响，但只要留意，他也可自己选择与他人交际的方式，能够把焦虑和不确定性控制在最大和最小限度之间，并和陌生人协商信息内涵。

Gudykunst 分别于 1995 年和 2005 年两次修改了“焦虑 / 不确定性理论”，继 Lieberson（1985）之后，Gudykunst 谈到有效交际有“基本”和“表面”因素。他认为焦虑和不确定性管理（包括留意）是实现有效交际的基本因素，它调节有效交际的其他“表面”因素（如身份、移情能力、吸引陌生人、尊重陌生人）的作用。个体对自身行为的留意程度控制着焦虑和不确定管理对交际有效性的影响力以及在提高交际有效性实践中的应用。因此，当焦虑和不确定性介于最小和最大限度之间时，我们可以通过有意识地控制一种基本因素（如移情力）来提高交际质量或者有意识地与陌生人协商信息内涵。

该理论 1995 年的版本囊括了 94 个公理（47 个关于人际交际和群体交际，47 个关于文化多变性），而 2005 年的版本则只涵盖了一半（只有 47 个）。Gudykunst 删减了一些不太必要的公理，并将文化多样性的公理的使用范围缩小至有效交际的基本因子上。

一、焦虑 / 不确定性管理理论的前提假设

（1）人们在许多人际交往的场合会产生不确定性；

（2）不确定性是一种让人厌恶的状态，会产生认知压力；

（3）当陌生人见面时，他们首先关心的是减少他们的不确定性或提高预测能力；

（4）人际交流是一种渐进的过程，会经历数个阶段。

在许多交往的场合，人们会感到不确定性。因为不同场合存在不同的期望，所以我们可以得出结论：人们在与他人见面时会感到不确定甚至紧张。不确定性是一种让人厌恶的状态。换句话说，保持不确定性状态会浪费大量感情、令人冥

思苦想而不得其解。在新的工作环境中，人们经常产生这种紧张感。当陌生人相遇时，他们最关心的是两件事：减少不确定性，提高预测能力。研究结果显示，交流的时间越长，不确定性减少得越多。

焦虑 / 不确定性管理理论认为有效的交际与对来自其他文化的成员的误解最小化相关。由于误解的增加，我们对他人与陌生的场合感到不确定。这种不确定性会在我们体内产生焦虑，反过来又会提供减少不确定性与增加留心程度的动力。这些基本过程是不变的，无论场合、文化与时间如何变化。

焦虑 / 不确定性管理是 AUM 理论的核心。这一核心调解了其他文化变量对有效交际的影响。尽管不确定性与焦虑是影响有效交际的基本因素，但其他文化变量被认为是影响有效交际的表面原因。Gudykunst 在表面原因与不确定性 / 焦虑之间以及在不确定性与有效交际之间提出了假设，详细地提出了多个原则。一旦人们感到十分焦虑，他们就有动机去采取减少不确定性的策略以便减少不确定性。通过减少对陌生人的预期的不确定性，他们就有能力减少误解和增加跨文化交际的有效性。

二、焦虑 / 不确定性管理理论的应用

AUM 的有效交际理论是从个人与陌生人（他人接近个人的圈子）交际的角度来讲的，而 AUM 的适应性理论则是从陌生人（如寄居者）进入新的文化并且与当地人进行交流的角度来论述的。

Gudykunst 从对于“陌生人”的交际困境的发现开始研究。所谓“陌生人”，包括侨民、新到者、新成员、暂时逗留者、闯入者、边缘人、新移民、旅居者等。这是随着全球范围的人口流动，出现的越来越多的陌生面孔。Gudykunst 发展出一套对“陌生人”进行描述的技术，集中研究他们的伦理认同、交友类型、话语类型、感知习惯、自我意识和自我训诫。他发现，所谓陌生人现象，只是跨文化交际的普遍规律的表现。对于陌生人交际困境的研究，不只是为了解决具体的社

会问题，而是要发现在跨文化交际过程中，有效的交际是经由何种条件达到的。他指出，三组表面性的因素交互作用造成了陌生人的焦虑和不确定性。三组表面性因素是：动机因素（需求、吸引、社会义务、自我概念、对新的信息的开放程度）、知识因素（知识期待、信息网络的分享、对多种观点的知识、对可供选择的解释的知识、关于同一的和差异的知识）、技能因素（移情的能力、包容多种观点的能力、适应沟通的能力、创造新概念的能力、调适行为的能力、搜集适用信息的能力）。这些因素的非平衡交互作用导致陌生人面临交际情境时产生焦虑或不确定性。有效的交际是对焦虑和不确定性的管理的结果，是将误解降到最低水平。

当陌生人进入新的文化之中时，他们会对当地人的态度、感觉、信仰、价值观以及行为感到不确定。他们需要预测居住地成员会采用什么样的行为方式。他们也希望能解释当地人的态度、感情与行为。无论何时，当陌生人想要弄清当地人为什么如此行为时，他们就正处于不确定性减少的状态。当陌生人与居住国文化成员进行交流时，他们也会感到不确定和焦虑。焦虑是一种紧张的情绪，一种不安的感觉，是陌生人在与居住国文化成员交流时因消极预期导致的结果，包含了通常所谓的“文化冲击”。

为了适应其他的文化，陌生人不需要完全消除自己的焦虑与不确定性。但如果他们的不确定性与焦虑感较重，就会妨碍他们与居住国文化成员进行有效的交流。如果不确定性过重，陌生人则很难准确地理解居住国文化成员的信息，也很难对其行为作出准确的预测。而如果焦虑感过重，陌生人的交际活动将会变得非常机械，并用自己的文化参考系来解释居住国文化成员的行为，还会因此导致陌生人处理信息的方式过于简单而限制了他们预测居住国文化成员的行为的能力。反过来说，如果陌生人不确定性过低，他们又会变得过于自信，认为自己可以理解居住国文化成员的行为而毫不担心自己的预测是否会出错。而如果焦虑的程度过低，陌生人会觉得没有动力和兴趣与居住国文化的成员进行交流。

如果焦虑或不确定性过强或过弱，陌生人必须有意调整他们的焦虑情绪，从而进行有效的交流及适应居住国文化。调整焦虑情绪需要陌生人懂得“留意”（比如建立新的分类体系，对新信息保持开放的心态，意识到不同的视角和观点）。控制了焦虑后，陌生人需要对居住国文化成员的行为作出准确的推测与解释（比如控制不确定感）。如果交际活动陷于机械，陌生人会用自己的参考系来预测和理解居住国文化成员的行为。与此相反，如果陌生人懂得时刻留意，对外来的信息保持开放的心态并意识到不同的视角观点（比如从居住国文化成员的角度理解交际活动），就可以对居住国文化成员的行为作出准确的预测。

Gudykunst 把个体主义—集体主义与自我和群体相关的众多变量（如自我、自我观念、社会与个人身份、自我监察和社会分类等）相联系。个体主义的文化成员需要保持独立的自我构元，允许个人身份影响自己的行为，与陌生人的交往比集体主义文化的成员更会监察自我。与此相类似，集体主义文化的成员利用互依自我构元指引自己的行为，允许社会身份影响自己的行为，在与他人交往时比个体主义文化的成员更关心社交的得体性。

Gudykunst 还把避免不确定性的理论与诸多变量相联系。避免不确定性高的文化成员表现为对陌生人态度僵硬，显示出在与陌生人交往时缺乏宽容，难以接受模糊性，对陌生人的行为有一种负面的期待，与陌生人交往的场合，比避免不确定性低的文化成员更正规，更正式。

权力距离也与此理论有关。权力距离大的文化成员比距离小的文化成员在与陌生人的交往过程中，更难以处理复杂的信息，更难以表现出合作与配合的行为。

男性化社会—女性化社会也与 AUM 理论中的很多变量(如自我、自我的概念、动机、对陌生人的反应和社会分类等）相关。Gudykunst 认为高度男性化社会的成员比高度女性化社会的成员在与陌生人交往时表现出较低的互依性。

LieberSon（1985）认为，从讨论的现象中有必要对“基本的”与“表面的”原因加以区分。在 AUM 理论中，调整（并留意控制）不确定与焦虑的感受是陌生人进行跨文化适应的基本条件；而陌生人在与居住国文化成员的交流过程中究竟体验到多少不确定与焦虑，则是由许多表面因素（比如自我意识、交际动机、对居住国文化成员的反应、社会分类、交际情境过程以及与居住国文化成员的关系等）共同作用决定的。该理论认为，陌生人适应能力（比如对行为的适应能力）的表面因素与陌生人在不确定和焦虑的感受中所进行的调整是分不开的。

三、焦虑 / 不确定性管理理论的批评和总结

Gudykunst 指出跨文化领域中给有效交际下定义的方式有很多种。他认为对有效交际下定义并不影响理论中的公理，但影响有意识想要使用的交际方式（如倘若认为有效交际是把误解降低到最低水平，我们以一种方式交际；而倘若认为有效交际是与他人保持良好关系，则会以另一不同的方式交际）。最后，他还提出在 AUM 理论中引入辩证法（如不确定辩证包括新鲜感和可预测性）。可惜，他没有对这些方法展开论述。他的 AUM 理论主要采用了客观主义方法的理论中含有主观主义的成分（如“留意”）。

一个理论研究项目应该包括一系列相互关联的理论，用来检验理论的理论研究，以及将理论应用到个体和社会变化的研究（Berger 等，1974）。有效交际理论当然也被用于提高人际交流和群体交际的质量与效果。而相关的适应理论则用来为走出国门的人们设计一些调适的训练。

第六节　交际适应理论

两个人交谈时，常常会模仿彼此的言语方式和行为。一般来说，我们会和那些讲同种语言、具有相似动作甚至语速的人说话。当然，我们反过来也会对其他交际者产生同样的反应。假设你和一个没有上过大学的人说话，你会避免使用那些只在高中或大学里使用的特殊词汇——例如谈起期中或期末考试、学习、自助餐厅食物等。

虽然我们在人际交往中都有这类经验，但是有时在群体或文化层面也存在类似的差异。比如说我们可以在老龄群体、具有某种口音的或其他民族群体那里发现差异，或者在说话的语速方面也会发现不同，不论是在人际关系中，还是在小群体中或不同的文化之间，人们都会调整他们的交际方式以适应对方。这种调整就是交际适应理论的核心，它最早由霍华德·贾尔斯提出，之前被称作言语适应理论，但是后来被扩展，把非语言行为也包括在内。交际适应理论的前提是：当交谈者互动时，他们会调整说话方式、发音方式以及（或者）姿势以适应他人。贾尔斯及其同事认为，说话者适应他人的原因各式各样。一些人希望获得听者的赞同，另一些人想让交际更加有效，还有一些人希望保持积极的社会身份。但是我们并不是总能达成目标。

一、交际适应理论的内容

交际适应理论（CAT）提出于 1973 年，当时 Giles 第一次提出了“口音变动”模式，它来自面试环境下对听到的不同口音的分析。接下来的大部分理论和研究也发现了在不同文化群体的谈话中都存在交际适应现象，这些群体包括老人、有色人种和视力障碍者。我们在讨论这个理论的时候，始终要记住它是在多样文化的背景下进行的。它的雏形是言语适应理论。言语适应理论（SAT）提出，说话者在与他人进行交往的过程中，运用语言策略以博取赞同或显示个性。说话者使用的主要策略基于其动机是趋同还是趋异。这些“语言手段”分别用来缩小或拉大交际的距离。

1987 年 Giles，Mulac，Bradac 与 Johnsoii 拓展了言语适应理论的适用范围，并重新定名为交际适应理论（CAT）。1988 年 Coupland，Giles 和 Henwood 将交际适应理论应用于研究不同辈分的人之间的交际，并对原理论进行了补充修订（比如基于侧重 / 聚焦对方将说话者的策略概念化，同时加入了对方对说话者行为的理解 / 解释）。1988 年 Gallois，Franklyn–Stokes，Giles 与 Coupand 等将 Coupland 等学者的 1988 年的理论模式运用到跨文化交际上，加入民族语言身份理论的一些推测，同时强调了环境因素对跨文化交际的影响力。Gallois 等人（1995）结合已有的研究成果和适应过程中的跨文化变量改进了 1988 年的理论版本。

这一更新版的理论包括了十七个原则，其中有几个原则可以再细分为二（如对交谈者进行积极或消极的评估）。交际适应理论从交际活动的“社会历史境况”研究起，这部分理论包括相互接触的群体之间的关系以及其接触的社会规范（在交际适应理论中，跨文化交际被归入跨群体交际的一类）。1995 年的版本还吸纳了文化差异性理论。

交际适应理论的第二部分是有关交际者的“适应倾向”，即交际者视交往的外群体为人际交际、群体交际或是二者相结合的交际倾向。“适应倾向”受三个方面因素的影响：（1）内心的因素（如社会角色与个人身份）；（2）跨群体因素（反映交际者对外群体倾向的因素，如可察觉的内群体的活力）；（3）开始的取向（比如察觉潜在冲突，持久的决心去适应其他的群体）。群体之间的关系会影响交际者视交往为人际交际或群体交际的倾向，同样，如果主流群体的成员觉得自己的社会身份不够稳固并感受到外来群体的威胁时，他们会消极地看待非主流群体成员对主流群体的辐合现象。而那些依赖所在的群体，并与群体保持团结一致的人们，则往往以群体间的形式来看待交往，同时强调自身群体的语言标识。

交际适应理论的第三个组成部分是“现场情形”，它包括五个方面：（1）“社会心理状态”（如当时交际者人际交际或群体交际的倾向）；（2）“目标和关注听众”（如交际动机、交谈需要、关系需要）；（3）“社会语言策略”（如近似语策略、语篇控制策略）；（4）“行为与技巧”（如语言、口音、话题）；（5）“标志与特性”。“现场情形”的这五个方面是相互关联的。

交际适应理论的最后一部分是关于“评价与未来意愿”。这种提法以交际过程中交际者对交际对象的行为的感受为焦点，比如说从交际者的角度看，交际对象的辐合行为会被视为怀有“善意”而得到积极正面的评价。当交际者视交际对象为群体的典型成员并有正面评价时，他们将来就会更乐于与交际对象及其所在群体的其他成员交流。

总而言之，就跨文化比较层面来说，交际适应理论关心的是通过个人使用的语言、非语言和副语言行为的评估来增进不同群体间的人们相互了解。个人总是通过不同的策略（如趋近、拉远或不离不即等）显示自己的态度（如喜欢与不喜欢）。

Gallois 等（2005）的理论模型基本建立在 1995 年版本的基础上，不过减少了命题的数量（从 1995 年的 17 个减少到 2005 年的 11 个）。这使得该理论适用于所有形式的跨群体交际，并更易于开发出经得起检验的假说。他们指出，不同群体的成员在进行交流时会发生一些意外，这可以随时将群体交际自然地转化为人际交际。这样，交际者将“开始的取向”转化为“未来意愿”的过程就难以把握了。

交际适应理论还包括了个体主义与集体主义对适应过程产生的影响，Callois 等（1995）认为人们在采取适应策略方面个体主义与集体主义是工具性的。

在个体主义的文化里，语言交际倾向于私人化，相比集体主义文化的成员，个人更倾向于走进对方。个体主义文化的成员倾向于以积极态度与圈外人士交融。相反，集体主义文化的成员比个体主义文化的成员更会采用语言场景的风格（如一种强调角色关系的风格）。这种风格来源于所使用的礼貌策略和与圈外人士交往时所使用的正式语言。

Gallois 等认为群体界限鲜明而缺乏弹性的集体主义文化的成员比个体主义文化的成员倾向于消极对待想融入的圈外人士。而且，当集体主义文化的成员把融合看成踩圈子的界限的时候，他们往往比个体主义文化的成员分歧更多、更大。

二、交际适应理论的假设

交际适应理论的基本假设如下：

（1）在所有的谈话中都存在言语和行为的相似及差异；

（2）我们对他人的言语和行为的感知会决定我们对谈话的评价；

（3）语言和行为会透露社会地位和群体归属的信息；

（4）适应会因为得体程度、适应过程的规则的变化而产生不同的结果。

首先，许多交际适应理论的原理都基于这样一个假设——谈话者之间存在相似性和差异性。过去的经验形成了个人的经验场，人们会把这种不同的经验场带到谈话的言语和行为之中。这些不同的经验和背景会决定一个人是否愿意适应他人。我们的态度和信仰与他人越相似，我们就越会被对方吸引，越会适应对方。

第二个假设来自感知和评价。交际适应理论关注的是人们如何对交谈中发生的一切进行感知和评价。感知（perception）是对一则信息注意和解释的过程，评价（evaluation）是对交谈作出判断的过程。人们首先对交谈中发生的一切进行感知（比如他人的表达能力），然后决定在交谈中如何行为。

动机是交际适应理论中所说的感知和评价过程的关键。也就是说，我们可能会感知另一个人的言语和行为，但是我们并不总是会评价它们。这经常发生，比如当我们和他人打招呼时，简单地问候一句，然后接着往前走。我们没有花时间评估偶遇的说话者。

但是有些时候对他人的言语和行为的感知也会导致我们对他人做出评价。例如我们会和他人打招呼然后简单说上两句，但是接下来当我们听到某人最近突然去世后感到很惊讶。根据贾尔斯及其同事（1987）的看法，那时我们就会决定进行评估，并在交际方式上做出反应。我们会表达自己的高兴、悲伤或鼓励。我们通过适应交际风格来做到这一切。

交际适应理论的第三个假设涉及的是语言对他人的效果。具体来说，在两个交际者进行交谈时，语言能够交际社会地位和所属群体的信息。想象一下两个操不同语言的人想要沟通时将会发生什么。贾尔斯和约翰·威曼讨论了这种情况：

在双语，甚至交际者精通两种语言的情况下，人口占优的民族和少数民族相处时，颇具戏剧性的是，第二种语言的学习总是单项的。也就是说，一般来说总是占统治地位的群体要求被统治群体适应他们的语言习惯……事实上，在跨文化环境下，所谓的“标准”“正确”和“文雅”的语言行为总是与精英、上层或统治阶层及其制度相一致。

因此，交谈中使用的语言总是和具有较高社会地位的人所使用的语言保持一致。此外，在这里还能看到群体归属感的作用。我们从这段引语中可以看出，语言的使用表明了想成为“统治”群体一分子的愿望。

第四个假设关注的是规范和社会得体性的问题。我们认为适应会因为得体与否产生不同的结果，适应还受到规范的影响。适应并不总是有价值和有收益的，理解这一点十分重要。虽然有时适应他人很重要，但是有时适应也会不合时宜。比如布斯—巴特菲尔德和乔丹发现,属于边缘文化的人们通常希望和他人一致(适应他人）。

在贾尔斯的理论中，规范起到了一定作用。规范（norms）是个体觉得在谈话过程中应该或不应该作出某种行为的期待。交际者的不同背景会影响他们对交谈的期待。加洛伊斯和卡伦对规范和适应之间的关系有过清晰的论述：“规范决定着互动过程中什么样的适应方式被认为是令人满意的，它会限制适应的程度。”因此，一般的社会规范是年轻人应该服从年长的人。当然，情景本身也导致了某种特殊的行为期待。

这四个假设构成了我们讨论交际适应理论的基础。接下来我们将研究这种理论的实际应用即人们在谈话过程中的适应方式。

三、交际适应理论的应用

交际适应理论提出，在交谈过程中人们具有多种选择。交际的双方可能会使用相同或相似的语言或非语言系统，他们也可能彼此划清界限各行其是，或者也可能过分地努力去适应对方。我们把这些选择称为会聚、背离和过度适应。

（一）会聚

与交际适应理论有关的第一个过程被称为“会聚”。贾尔斯等人把会聚定义为“个体适应彼此交际行为的策略”。人们会适应语速、停顿、微笑、注视及其他的语言和非语言行为。会聚是一个选择的过程，我们并不总会选择会聚的策略。当人们选择会聚的时候，他们会根据自己对对方的言语和行为的感知来行事。

除了对他人的交际方式的感知外，会聚还取决于吸引。通常，当交际者彼此吸引时，他们会在谈话中会聚。这里的吸引是指广义的吸引，包括许多其他的特征，比如喜爱、个人魅力和可信性。贾尔斯和史密斯认为，有许多因素可以影响我们对他人的吸引，比如，将来与听者进行交往的可能性、说话者的交际能力、两者之间的地位差异等。具有相似的信仰、人格或行为方式也会导致人们互相吸引，并会导致会聚。但是需要记住的是，人们会随着时间的流逝逐渐发现彼此的相似之处。他们可能不会立刻知道对方是否有吸引力以及这是否会导致他们意识到彼此的相似之处。交际者之间的关系史也是会聚过程中的关键问题。

第一眼看上去，会聚似乎是一种积极的适应策略，而且在通常情况下确实是这样。在交谈中，一方和另一方相似或者至少对另一方具有吸引力。但是，会聚也可能源自刻板印象式的感知。贾尔斯及其同事（1987）提出：“会聚常常受到我们对其他社会群体将如何说话的刻板印象的影响。”这意味着人们将向着刻板印象的方向会聚，而不是向着说话者真正的言语和行为的方向靠拢。

（二）背离

适应可以是双向的（交际的双方同时适应对方），也可以是单向的，也有可能是没有适应。贾尔斯认为，交谈者有时强调他们和对方之间的语言和非语言的差异，他将之称为背离（divergence）。背离与会聚完全不同，因为它是一个不产生联系的过程。两个谈话者不想在说话过程中表现相似的语速、姿势或姿态，因此背离就是谈话者不想表现出彼此之间的相似之处。换言之，两个人在交谈时并不关心是否与对方适应，人们对背离的研究不如适应多，因此我们对背离的了解仅限于几个有关它的功能的论断。

（三）过度适应

Jane Zuengler（1991）认为，过度适应是“用来表示说话者在说话的过程中考虑过多，过犹不及”。这个概念表达的是人们虽然行为的愿望是好的，但是过分迁就对方，却被对方视为屈尊俯就，反而给人一种高高在上、施惠于人的感觉。

过度适应存在三种形式：敏感的过度适应、依附的过度适应和群体间的过度适应。

敏感的过度适应是说话者认为听者在某些方面具有不足时所使用的过度适应。这里，不足指的是语言以及生理上的不足。也就是说，说话人可能认为他/她对另一个人的语言障碍或身体障碍十分敏感和注意，但是在适应过程中却过分地表现出了这一点。

依附的过度适应指的是说话者有意识或下意识地把听者放在了较低的位置上，让听者看上去对说话者产生了一种依附。在依附的过度适应中，听者还认为说话者控制了谈话，以显示其较高的社会地位。

群体间的过度适应是把听者归入某个群体，而不是把每个人当成独特的个体看待。这种过度适应的核心是刻板印象，它会产生深远的后果。虽然保持种族与民族身份十分重要，但是个体的身份也同样重要。

四、交际适应理论的批评和总结

交际适应理论集中讨论了在我们的生活中交谈的作用。该理论为大量的研究所使用。例如，人们研究了对大众交际媒介的交际适应、对家庭的交际适应、对中国学生的交际适应、对老龄群体的交际适应、对工作的交际适应、对面试的交际适应，甚至对自动电话答录机信息的交际适应。

第七节　跨文化调适理论

早期的文化调适研究是由人类学家或者社会学家所组织的，并且一般都是集体层次上的研究，他们探讨的通常是一个较原始的文化群体，由于与发达文化群体接触而改变其习俗、传统和价值观等文化特征的过程。心理学家在这一领域的贡献主要是最近几十年来的工作，他们通常更加注重个体这个层次，强调文化适应对各种心理过程的影响。虽然从 Redfield，Linton 和 Herskovits 对文化适应的定义来看，文化适应的过程实际上对发生相互接触的这两种不同文化都会产生影响，但是影响程度大不相同，对一直生活在主流文化中的群体影响很小，对新到这个文化环境的群体的影响相对而言就大得多，这一过程甚至可以影响到他们生活的所有方面。与此相对应，已有的文化适应研究实际上主要探讨的就是文化适应过程对这些新到一个文化环境的移民或者暂居者的影响。近二十多年来，Young Yun Kim 一直致力于发展她的交际与文化调适理论。她最早的理论对韩国移民在芝加哥地区文化适应的因果关系进行了调查。此后，她基于开放系统的视角不断地对理论加以改进，主要是增添了移民“压力—调适—成长”过程的理论，并将注意力放在移民“跨文化”的转变上。此外，现阶段的理论正尝试着将“实现跨文化适应”描述为是“陌生人与接受陌生人的环境双方共同努力的结果”。

一、跨文化调适理论的内容

Young Yun Kim 现阶段的理论包含了以开放系统论为基础的若干假设，以及其他若干规律与命题。在一共十条规律当中，前五条为跨文化适应理论的广义原则，包括：吸收及适应主流文化与反吸收及适应主流文化都是跨文化适应过程；“压力—调适—成长”的动态过程是适应过程的内在动力；跨文化转变是“压力—调适—成长”动态过程的功能；随着陌生人逐渐完成跨文化转变了压力—调适—

成长”动态过程的难度不断降低；跨文化转变给陌生人带来功能上的强健和心理上的健康。后五条规律论述了跨文化转变和一些概念的相互关系，这些概念包括跨文化转变和居住地人的交际的能力、居住地人的交际活动、种族文化进行的交际活动、环境情况以及陌生人的个人素质。

Young Yun Kim 在阐述跨文化调适过程时提到，没有人天生就知道该怎样在这个世界上应付各种各样的事情，我们慢慢学会了将我们的社会环境和它的文化联系在一起。这就是说，各种信息、各种可操作的语言和非言语的习惯给了我们一个一致的、连贯的和清晰的生活方式。这种熟悉的文化就是我们的家乡世界，它同我们的家庭或重要的人紧紧联系在一起。每一种文化都担负着组织、整合、保持一个人的家乡世界的任务，尤其是在一个人成长的过程中。在同周围文化环境的方方面面的不断接触中，我们内在的体系经历着一系列的改变，逐渐接受着各种观念、态度和行为。我们慢慢习惯于生活在同我们具有相似的观念、态度和行为的人的身边。

进入一种新的文化就好像重新开始认识自己的文化一样。只是这一次，我们要接受各种差异。我们要开始意识并努力去思考原来并不会太多加以思索的事情，因为人的神经系统就是这样——只有当熟悉的事物发生了变异时，那些掌控行为和意识的神经才能产生意识。于是，作为陌生人的人才会发现他们对新文化的交际系统缺乏必要的理解，他们有必要学习和认知新的符号和行为方式。他们或许会被迫延缓，甚至是放弃能证明他们是谁的文化身份。这样的情形会致使危机产生。内在的冲突迫使陌生人学习新的文化体系，成为文化适应的前提。理论上讲，调适改变的最终方向是文化同化。对于大多数移民者来讲，同化是一个终生的目标，通常需要几代人来完成。

每一次调整适应变化的经历都会伴随着个人心理上的压力，这是一个人的身份冲突：一方面个体想要保持原有的文化身份；另一方面需要同新的环境保持和谐状态。不适应的状况和压力感会促进个体克服困境并且采用调适的行为来养成新的习惯。当人们开始向前看，迎接挑战并对新环境作出回应时，调适的行为即变为可能。在压力和调适逐渐达到平衡后，就将出现不易察觉的成长。“压力—调适—成长”并不是顺利、平稳、线性发展的，而是按照辩证的、循环的、迂回的方式发展。只要存在新的环境，“压力—调适—成长”这一过程就将继续存在，并整体上向更加适应和更加成熟的方向迈进。在适应新文化这一过程的初级阶段中，巨大的和突然的变化还很有可能出现。在经历了较长的时间后，这种压力和适应的波动将变得缓和，直到最后与我们内在的状况相融。

在阐述跨文化结构时，Young Yun Kim 首先强调了交际的重要性。她认为，只有当陌生人的个人交际模式同当地人发生了交叠时才算是实现了成功的调适。陌生人在新的社会文化中的交际经历受他的交际能力的限制。与此同时，每一次与新社会文化的交际都将为陌生人提供学习文化的机会。新文化的人际交流尤其可以帮助陌生人，让他对当地人的言行举止更具洞察力，获得更多的信息。大多数的进入新环境的陌生人都需要与他人建立新的关系，否则他们将会感到自己没有足够的支持系统，由此产生不确定感和压力。参与到新的交际活动中是源于人类需要从属于某个团体的本能愿望。

关于陌生人的个人素质，Young Yun Kim 提到，跨文化调适是受每个陌生人的个人状况影响的。陌生人进入新环境的准备程度各不相同，它包括面对新环境时心理上的、情绪上的和动机上的准备，包括对语言和文化的理解。影响他们准备程度的因素是他们到达新的文化之前的正式和非正式的学习活动，包括学校的教育和培训、他们所拥有的媒体资源、语言文化知识、他们此前同新文化中的成员或直接或间接的交流以及他们此前有过的其他文化调适经历。每个进入新文化的人也都带着自己的个性特征。当他们遇到新环境的挑战时，个性特征就成了他们是否能成功地将新的经历体验内在化的关键因素。Young Yun Kim 主要将个性特征归纳为三点：坦率性、力量和积极性。坦率性可以帮助陌生人减少抗拒感，增加加入新环境的意愿，并使得他们可以以一种不僵硬、不偏激的态度来理解和对待新文化中出现的不同情况。力量可以让个体在面对挑战的时候保持一种宽容、兴奋且自信的状态。同样重要的还有积极性，它反映了陌生人基本的人生观，同样也可以反映出在面对困难局面时的自信状况。它有助于陌生人习得新的文化知识，并使得他们更好地同本地人在思维上、情感上和行为上获得兼容。坦率的过程中，他们原本习惯性的认知、情感和行为上的反应也都将改变。一些“旧的”文化习惯将被新的文化习惯取代。陌生人将在实现自身社会需求时变得更加熟练，更应付自如。

二、跨文化调适理论的前提假设

跨文化调适理论有四个前提假设，分别是：

1. 调适是一种自然而普遍的现象。调适是人类的一种本能，它帮助人们在对抗性的环境中保持一种平衡状态。跨文化调适是“环境适应过程中的普遍过程”。

这一调适理论是以一种“泛人类”的现象来加以解读的——人类具有在面对环境威胁时，进行内部斗争来获得对生命的控制的特征。

2. 跨文化调适并不是需要具体分析的变量，而是一个人在面对新的陌生环境时的整体进化过程，跨文化调适必须在人与环境的互动中加以理解。

3. 跨文化调适是在交际活动中发生的过程。需要强调的是交际是一种必要载体，没有交际也就没有所谓的调适，跨文化调适只有在个体同新环境发生互动的时候才存在。唯一不会发生文化调适现象的情况即为个体与新环境处于绝对隔离的场景中。

4. 调适是一种对于所有生命体系来讲都自然而普遍的现象，交际是适应的方式。基于这样的前提，作者考虑得更多的不是个体在进入新的不熟悉的环境中是否可以调适，而是他们怎样和为何进行调适。

三、跨文化调适理论的应用

Young Yun Kim 指出，概括普遍系统理论，人是不断与文化环境，尤其是社会文化环境交换信息的综合的、相互影响的、动态的、开放的交际系统。在与社会文化环境交换信息的过程中，人总是试图保持自身内在意义结构的稳定性。一旦他们内部的结构秩序被打破，不平衡或压力就会随之而来。作为能动的生物，他们会努力恢复这种内部结构的平衡性、稳定性。正是通过这种“压力—调适—成长”的动态变化过程，人们才渐渐适应环境。在人适应环境的过程中，文化与个人内在的条件相结合，形成个人的文化个性。身处异乡，人们本土文化所形成的内在的文化模式会与通过参加旅居国交际活动而获得的新的文化模式发生冲突。结果是他们内在的、原有的文化模式会发生变化，进而引发文化个性的改变。随着旅居人士适应行为的增加，他们在旅居国的交际能力，即掌握旅居国的语言能力、非言语行为能力、认识辨别与趋合能力及情感趋同能力，会进一步加强。但人们适应活动的成败，在一定程度上会受旅居社会及个人背景的影响。旅居社会对人们适应活动的影响主要体现在对他们的接受能力及迫使他们遵循该文化及交际模式的压力两方面。这种接受力和压力或促进或阻碍人们参加旅居国的交际活动。人们个人背景对适应的影响主要体现在文化或种族背景、个性及准备程度等方面。人们综合的跨文化调适能力主要表现在他们在适应活动中的三个相互联系的方面，即功能适应性、心理健康程度及跨文化个性。

Young Yun Kim 关于人们适应新环境的理论在实践中引发众多思考。首先，它在外语教学方面给人以新的启示。学习外语的目的是利用外语进行社交，然而，传统的语言教学方法强调的只是语言层次，而并非语言与文化并举，结果使得外语学习者在与来自同文化的人进行交流时，难免会出现尴尬、窘迫的局面。Kim 的理论引发人们思考一种跨文化导向的外语教学法。它的目的旨在培养学生跨文化交际能力，使学生有能力处理有关外语和外国文化的任务。此外，Young Yun Kim 把文化休克的问题提出来，指出它是人们在旅居国所必然要经历的一种文化冲击。她同时说明人们适应行为的成败或多或少有赖于旅居国人对他们的态度，其中文化定势和偏见尤为明显；人们在旅居国的适应能力可以从他们参与旅居国交际活动的有效性和适宜性作出判断；人们适应活动的结果并不是完全同化，而是获取跨文化个性的过程。所有这些都为将要旅居和在新环境中生活的人在思想上、心理上、情感上、认识上、行为上提供了一些必要的准备。

四、跨文化调适理论的批评和总结

自 20 世纪初以来，关于跨文化调适的研究不断发展，成果层出不穷。一方面这些学术见解或观点给跨文化适应的研究提供了大量的信息来源，另一方面又给后来者的研究带来诸多不便。跨文化调适研究主要使用两种研究方法——群体研究方法和个人研究方法。群体研究方法把移民群体或种族群体而不是个人作为研究中心，这种方法主要描述不同文化背景的社会群体频繁接触后文化变迁的动态过程及由于社会资源、权力、威望等不平等分配而产生的社会等级。相反，个人研究方法通过对个人在旅居国的适应活动探索个人的心理表现及与旅居社会的融合程度。由于受特定时期社会意识形态的影响，这两种方法都表现出许多不足之处。在研究、分析前人理论、经验的基础上，Young Yun Kim 提出了一套新的跨文化调适理论，把现存的各类观点和方法进行分析、归纳，总结成一套系统、全面、综合的理论。

好的理论要求思维的逻辑体系同事实经验相一致。在上述跨文化调适理论中，事实即为在此刻，世界各地都存在着人群离开他们所熟悉的家乡，开始全新的生活并经历着各种改变。毫无疑问，跨文化调适的现象是事实存在的，一旦跨文化调适现象的客观性被加以理解，我们下一步的选择就是我们将作何种程度的改变。通过不断努力培养在新文化中的交际能力，我们将提高我们的适应性，反之，我们将减弱这种适应性。如果我们始终不放弃进行成功调适的目标，我们将慢慢发生转变，这是一种微妙的下意识的改变。这种改变和成长会加速我们知觉上和情感上的成熟，并对人们的生活状况产生更加深刻的理解。随着心智和身体的适应，压力和调适将加深跨文化身份感。在此过程中，关于“我们”和“他们”之间的那条界线也逐渐变得模糊。我们旧的文化身份永远不会被新的取代，取而代之的是，它将转化成一种新旧并存的身份，使得我们对于人们的差异性更具包容性和接受性，使得我们更能理解“双方”的审美和感情。我们将不会再刻意地坚持过去和现在的差异，而是肯定自己去改变的能力，并敞开胸襟去面对我们日后有可能变成的样子。

第八节　文化身份理论

文化身份理论的代表人物是 Collier（1996）。文化身份理论是跨文化交往中如何处理文化身份的理论。文化身份理论同人类行为超理论相一致，强调主观经验与个人对行为的阐释。一个人的文化身份是通过构成特性（由标志、解释和意义组成）和规范特性（由行为指向和行动能力组成）相互融合而得。该理论相信人类行为超理论中的一条原则——“开放心灵原理”，表明人们留心自己的行为又能对此行为作出解释。文化身份理论的优点是它的启发性价值与富有代表性的有效性（即交际结果与交际行为判断的一致性）。

Collier 和 Thomas 就在跨文化交际中如何处理好文化身份提出了解释性理论。他们的理论包括六个假设、五条规律和一个命题。Collier（2005）详述了自从该理论产生以来，影响她思索文化身份问题的各种因素。在最新的理论版本中，她运用了批评理论视角，但没有阐明理论命题。她关注的是“实践智慧”。

一、文化身份理论的假设

文化身份理论有六个前提假设，分别是：

1. 人们在话语中协商多元身份。在话语协商中，我们可以了解“你是谁”以及“我是谁”在话语交流中，由于不同的价值观取向，造成人们对于多元文化身份以及文化身份显著度的不同理解，凸显了个人文化身份和群体文化身份的强度。通过人们的行为体现出不同范畴的文化身份，包括民族身份、种族身份、阶层身份、性别身份以及宗教等。当人际交流的行为表明群体成员身份，那么，文化身份也随之实现。

2. 跨文化交际是“靠作出推论的假设和承认不同的文化身份”来实现的。在交际的过程中，交际双方是拥有多元文化身份的个体。每个个体的价值取向和目标需求各不相同，为了实现成功的跨文化交际，必须采取回避的态度，假设“一致性”，从而承认对方的多元文化身份。

3. 跨文化交际能力包括：在交际活动中保持意义连贯、遵守规则（即进行适当的传播）并得到正面的结果（即进行有效的交际）。

4. 跨文化交际能力包括商定“交际双方共同的意义、规则体系并且得到正面的结果”。

5. 跨文化交际能力包括对文化身份的确认（即让与交际者有着共同符号意义系统和行为准则 / 规范的群体认可并接受他的身份）。多元的文化身份对于跨文化交际者是一个挑战。在交际的过程中，对于交际双方文化身份的准确界定有助于实现成功的交际。而具有不同文化身份的交际双方要有共同的符号系统。符号系统指交际的媒介：言语交际和非言语交际。不同的文化拥有不同的符号系统。因此，交际双方的符号意义系统要一致，才能实现有效的交际。

6. 文化身份会随着广度（如文化身份的概貌）、显著度（如文化身份的重要程度）以及强度（如文化身份交际给对方的强度）等因素的变化而变化。从个人角度讲，随着环境的变化，不同文化身份的显著度也有差异。文化身份的显著度是随着环境的变化而改变的，同时也强调注重文化身份的多元化。

在六条假设的基础上，Collier 和 Thomas1988 推导出五条规律。规律一：语篇中的规范与意义差异越明显，交际的跨文化程度越高。规律二：个人的跨文化交际能力越强，越容易发展与保持跨文化关系。规律三与规律一相类似：语篇中的文化身份差异越大，交际的跨文化程度越高。规律四：在跨文化交际中，交际一方给对方文化身份的认定与对方自认定的文化身份越契合，跨文化交际能力越强。规律五：与文化身份相关的语言指称会系统地随社会情境的各种要素，如参与者、情节模式和话题的变化而发生变化。而 Collier 和 Thomas 理论中的命题指出：文化身份越是自认定，它们在与其他身份相比时位置就越重要。

二、文化身份理论的应用

很多学者认为也可将“文化身份”译为“文化认同”。这是因为人们通常把文化身份看作是某一特定的文化所独有的，也是某一具体的民族与生俱来的一系列特征。与此同时，文化身份又具有结构主义的特征，即某一特定的文化被看作一系列相互关联的特征，可以将“身份”的概念看作是一系列独有的或者有着结构特征的一种变通的看法。因此说“文化身份”既隐含着一种带有固定特征“身份”的含义，同时也体现了具有主观能动性的个体所寻求的“认同”的深层含义。Collier 和 Thomas 把有意识地把自己归为某一人类群体的成员描述为文化身份。实际上，我们从他们二人对文化身份的定义上也可看出其具有一定的“认同含义”。

如上分析，文化身份不仅由交际者的交际惯例、习俗和社会结构而形成，而且它还积极参与交际惯例、习俗和社会结构的形成过程。这是因为交际本身就是个体或群体进行自我定位、彼此沟通和争取相应的权利与地位的工具。

现实生活中，个体作为群体或组织中的一员，常常会在复杂的语境中不得要领地处理着不同的交际关系并协商着各自的文化身份。而此时，文化身份理论就可以在实际工作中起到作用。

三、文化身份理论的批评和总结

文化的衍生可表现为当地的风俗、习惯、规范、人情、思维等的总和。而文化身份可以是这些衍生物的某一“标签”，帮助其文化成员找寻到其独特性与认同感。文化身份是某一群体的身份或一个文化群体中的成员的群体身份，是某一群体的归属感。它可以是官方认定或自我认定的，也可能来源于不同的种族、民族、性别、年龄、社会阶层、宗教、国籍或地理区域。这些身份把个人和文化群体同其他个人与文化群体相区分。

文化身份的确立有以下两大作用：其一是把文化身份看作一群人在共有的历史经验和文化代码基础上产生的连续的、稳定的意义架构；其二是在承认群体共性的基础上重视内在的差异性，将文化身份看作历史长河中不断变化的意义建构。

而文化身份理论就是探讨在跨文化交往中如何处理文化身份的理论。该理论指出个体的文化身份是通过构成特性和规范特性相互融合而得，而且强调主观经验与个人对行为的阐释。该理论着重表明人们留心自己的行为又能对此行为作出解释，是对于文化身份的解释性理论，它更加注重其实践意义。理论的核心贡献在于指出了交际结果与交际行为判断的一致性。

该理论还介绍了 Collier（2005）对影响文化身份问题的各个因素的分析，指出文化身份的协商受到社会历史等因素的制约，还受到不同阶层关系的制约。

自该理论提出后，其实际应用意义得到了积极的肯定，同时也融合了其他相关理论的内容，使得其理论更容易被接受，使其对跨文化交际能力的培养与形成具有更强大的、更普遍的解释力。

第九节　身份协商理论

身份协商一词由 Swann 提出，强调在社会交际过程中存在两个竞争过程（此过程指信息源和信息接受者都鼓励对方按照自己所期望的方式行事）的张力。人们在与人交流的过程中经常问自己两个问题：我是谁？你是谁？于是，任教于加利福尼亚州立大学的文化学者丝戴拉·汤米进行了身份协商理论的研究。Ting–Toomey 认为跨文化交际能力体现于“在新的交际情节中交际者双方之间的有效身份的协商”。跨文化交际能力即交往双方在新的交际情景里的有效身份协商过程。

Ting Toomey（1993）认为，人们在自我身份的认定过程中越觉得安全就越乐意进行跨文化交际；而越觉得脆弱就越容易在跨文化交际中感到焦虑不安。而人的脆弱程度会受他们对安全的渴求程度的影响。人们相互之间越需要包含，越是注重内群体与关系界限；越是求异，越会拉大自己与他人的距离。能否处理好安全—脆弱和包含—分离的辩证关系会影响到人们在身份协商过程中的应变能力。人们在自我认定中越觉得安全就会具有越健全的身份意识与越强的综合自信心。而人们的自信心越强，他们的集体信心就越强，在与陌生人交际的过程中也就有越强的应变能力。

人们与陌生人交际的动机影响了他们对交际资源的寻求程度。人们在认知、情感和行为方面应变能力越强，商定身份的效率越高。人们掌握的交际资源越多样化，他们在互动的身份确定、协调与协同方面的效率越高。最终，人们在交际中资源越多样化，在“共建交际目标”和“发展共同的身份内涵与身份理解”的过程中就越灵活。

身份协商理论强调身份形成主要分为家庭社会化和性别社会化。丝戴拉博士认为，家庭是文化交际的基础。人们直接或间接地从长辈那里获取各种文化价值观。没有哪个人可以从家庭中获得所有的文化价值观。家是人们在交际过程中价值观社会化的最基本的渠道。此外，由性别差异而产生的人际交往行为的不同，即性别社会化的过程，也是身份协商理论研究的重要方面。性别身份是指我们对于自我的形象以及所期望的“女性”“男性”形象的认知和理解。她指出，不同文化背景的人进行交流只有界定自己的文化身份和民族身份，才能增强跨文化交际的敏感性。

一、身份协商理论的假设

Ting–Toomey（1993）提出若干假设来组建身份协商理论：自我意识会受到文化差异的影响，自我身份的认定过程可以使人感觉到安全或者脆弱，对身份边界的确定刺激了行为的发生，身份边界的确定则为包含和分化的对立，这种辩证关系又会影响自我意识的健全程度，而健全的自我意识会使个体具备较强的应变能力，即“在各种不同的交际环境下恰当、有效而有创意地运用认知、情感和行为资源的资质与能力”。

（一）个人身份和群体身份

人们通过与他人进行交际形成了群体身份和个人身份。在社会文化适应的过程中，人们形成了自我形象，如文化身份和民族身份。经过文化、民族和家庭的社会化过程，习得了文化和民族群体的价值观和规范。依据身份内容和层次特征表象，分别以群体和个人为身份基础塑造了思维、情感和交流模式，尤其在与不同文化背景的人进行交流时，其作用更明显。

（二）身份安全感和脆弱性辩证关系

基于群体和个人的不同身份层次，不同文化和民族群体的人对于身份安全、包含、预测、关系性和连贯性抱有基本的需求。人们在熟悉文化环境中经历情感安全性，在陌生的文化环境中体验身份文化脆弱性。

过度的情感脆弱性会产生与陌生人交流的恐惧。同样的原理可应用到身份包含、预测、关系性和连贯性中。在陌生的文化语境中，人们经历了情感的不确定或脆弱。同时，在熟悉的环境中，人们感到安全。情感问题与自我认知和身份问题紧密相连。因而，身份安全指在特定文化语境下，人们在认知群体或个人身份方面的情感安全度。身份脆弱性指群体和个体文化身份问题的模棱两可和焦虑度。在陌生的文化语境中，大多数人不可避免地借助自己熟知的文化社会关系网或习惯，怀揣固有的定势有助于更有效地适应陌生的文化语境。

（三）身份包容和区别辩证关系

身份包容和区别假设指身份界限保持的问题。身份包容指内外群体在情感、心理和空间上的接近程度。身份包容是内外群体界限保持的问题，即自我形象在重要的群体成员分类中的界限保持问题（例如：种族身份或民族身份的区别是内部或外部群体成员调节群体界限的疏远度。

身份界限调节有助于满足群体内部包容和群体间区别的需要。在显著的内群体（例如：民族群体）与其他社会文化群体相比较占有优势时，群体成员可以积极肯定自己的成员身份。相反地，在与某个显著的内群体进行比较时处于劣势，应进行其他的选择，例如：改变身份群体；改变比较的标准和维度；重新肯定群体的价值；降低相比较的群体的级别。

存在恰当的包容和区别的身份需求是作为双向推动力促进交际过程的。过多的身份包容能够导致人们揣摩个人身份的意义和重要性；然而，过多的身份区别导致人们不受欢迎或被排除在外。

（四）交际的可预知性与不可预知性辩证关系

交际的可预知性与不可预知性辩证关系就是信任与不信任的问题，当与熟悉的人进行交流时，人们体会到身份的可预知性，于是形成了可信赖的沟通气氛；然而，在与陌生人沟通时，会产生不可预知感、焦虑和不确定性，警觉的气氛随之产生。在与熟悉的人进行交流时，常常会出现预料中的行为规范；相比较而言，与陌生人进行交流时，会不时出现一些难以预料的行为，因此让人感到尴尬。

（五）身份自主性和关系性的辩证关系

在重要而亲近的关系中，存在着对于身份自主性和关系性的关系界限调整问题。身份自主—关系性问题可界定为人际关系界限调整问题。文化价值观，例如个体主义和集体主义，影响着对身份自主—关系性的界定和评价。例如，具有个体主义文化背景的人强调个人的自主性和隐私性；而受集体主义文化影响的人将更多的精力放到构建与周围人的关系中。进而，身份自主—关系性通过文化语言的运用和非言语的情感表情就可以清晰地呈现出来。

为了进一步了解身份自主—关系性，需要进一步学习了解文化、民族、性别和关系等方面的价值取向。人们还需要更加注重在个体主义、集体主义和混杂的文化群体中的言语和非言语信息。

（六）身份一致性和变异性的辩证关系

身份一致性指通过对日常规范或对熟悉的文化或民族的交流进行长时间反复的实践而形成的身份连续性或稳定性。身份变异性是指在跨界限的跨文化联系中身份的混杂及延伸。例如：在移民者身份变异过程中常常会涉及从细微的变化到明显的变化。文化适应包括新移民者适应新的价值观、规范和新的文化符号，以及培养新的角色和技能的长期训练过程。另外，社会文化适应指在本土文化中习得本土文化价值观的基本社会化过程。许多因素影响移民者的文化适应过程，从理论系统层面（例如对于其他文化的接受）到个人层面和人际关系层面（如社会关系网的形成）。综合理论的系统对于新的移民者来说既可能产生有机环境又可能产生不利情况。显然，对于刚接触新文化的人来说，环境因素越有利，越容易接受新的文化。在最初的文化适应阶段，他们接受的帮助越多，越能够对新的环境产生积极肯定的认知。

在有效的跨文化交际中，其他文化的人们需要优雅热情，而新人需要主动积极地学习。没有双方共同的努力，最终就会产生困惑、无法沟通、不团结等。此外，若一个人能够在身份安全、包容、交际可预见性、关系和连贯方面达到越高的水平，就能够越好地实现身份转换。反之，一个人越是经历身份困惑、挫折或威胁，越容易仅坚持以往所熟悉的身份特征。总之，在跨文化身份转换过程中，存在着身份连贯性或稳固性和身份转换或不稳固性共存的阶段。

综上所述，所有的辩证关系都存在对立统一的关系。过分偏袒一方是不正确的，而极端和静止看问题的方法也是不正确的。

二、身份协商理论的应用

身份协商理论在全球化的今天被广泛应用于实践，如人们在移民的过程中，不断实践身份的变异、交际的不可知性；在新的环境中的文化适应，逐渐地实现了身份的安全感和身份包容，从而达到融入其他文化的水平。

三、身份协商理论的批评和总结

身份协商理论提出了五组理论假设：身份安全感和脆弱性、身份包容和区别、交际的可预知性与不可预知性、身份自主性和关系性、身份一致性和变异性。这些辩证关系假设为进一步剖析文化和民族身份提供了理论基础。身份协商理论期望人们赢得被理解、被尊重和被肯定的满足感，因此，该理论特别强调对于身份协商能力的培养，建议应该掌握一定的文化知识、交际技巧和积极的态度。

此外，该理论实际应用的范围较广，因为在今天的“地球村”，人们的身份具有不同的特征。丝戴拉的身份协商理论是少有的关于文化身份的理论，对于跨文化交际学具有深远的意义。

第十节　共文化理论/文化共存理论

Orbe 运用现象学的方法建立了共文化理论。共文化理论建立在缄默群体理论（比如说社会阶层的分化使一些群体有凌驾于其他群体之上的特权。Ardener，1975；Kramarae，1981）和立场理论（比如说特定的社会地位会使人们以某种主观的方式观察世界。Smith，1987）的基础上。共文化理论将非白色人种、女性、残障人士、同性恋者以及那些较低社会阶层的人群纳入自己的研究体系，且研究对象不限于此。

Orbe 指出，“大体上说，共文化交际是指未充分代表的群体成员与主流社会群体成员之间的交际活动”。共文化理论的主旨是提供一个框架“让共文化群体的成员在主流社会结构中交际和企图使缄默的人协商”。

一、共文化要素

有六个相关要素影响着未充分代表的群体成员在主流社会结构中沟通的过程。共文化理论的中心就是对这六个相关要素的解释。下面就对这六个要素进行逐一说明。

（一）首选的结果

影响共文化群体成员运用的做法的根本因素之一就是互动中的首选结果。每个人都会问自己这样的问题：“什么样的交际行为会带来我想要的结果？”为了这个目的，共文化群体成员会有意识或无意识地考虑他们的交际行为是如何影响他们与主流群体成员的最终关系的。对未充分代表的（underrepresented）群体成员来说，存在三个主要的相互影响的结果：同化、适应和分离。

同化指为了融入主体社会而企图消除文化差异，包括丧失某些区别性特征。

同化背后的推理非常简单：为了有效地融入主流社会，你必须顺应主流社会。与此相比较而言，适应的首选结果认为当个体可以保留某些自身的文化特性时，这种交际是最有效的。因此，适应的目标是转换现存的主体结构，以便形成一个没有等级制度的复合文化。分离为共文化群体成员提供了第三个选择。那些持有这种立场的人摒弃了与主流群体成员形成共同纽带的想法。相反，分离的目的是结合其他共文化群体成员创造反映自身价值观、道德观念和行为规范的社会共同体和组织机构。

（二）经验场

作为共文化交际过程的一个要素，经验场指一个个体生命经验的总和。一个人过去经历的影响在思考、选择和评价共文化交际实践的过程中是一个很重要的考虑因素。通过毕生的一系列经历，共文化群体成员学习如何去适应不同的做法，也逐渐意识到在不同情境下使用某些策略的结果。在一个个体的经验场内，任何一个共文化群体成员都在从事构建、解构的动态过程，即对什么构成了与主流群体成员适当而有效沟通的感知。

（三）能力

在共文化交际过程中必须承认的一个要素就是一个人运用不同做法的相应能力。大多数做法都是全体共文化群体成员可以做到的，可是运用某些做法的能力依个体性格和实际情景可能会有所不同。例如，一些人可能天生就不具有对质的策略；其他人或许缺少合理的机会去和其他共文化群体成员联络，或者在识别可看作联络者的主流群体成员时有困难。因此，我们不能作出这样的假设——所有的共文化群体成员在运用每一个做法时都有同等的能力。

（四）情景语境

情景语境的问题也是共文化交际的中心。共文化群体成员并不特意地为与主流群体成员的交流活动选择运用一个或若干做法。相反，情景语境的一些细节——交际发生的地点，什么人在场，以及促进交际活动的特殊情境——有助于告知我们对某种共文化实践做法的选择。在这点上，共文化群体成员在一个普通的情景下（例如工作）很可能会采用不同的做法。

（五）感知的代价与回报

随着时间的过去，共文化群体成员开始意识到某些代价和回报是与不同的交际习惯相联系的。意识到每一个交际行为都有与之相连的一些潜在的利与弊是很重要的。然而，这些潜在的利与弊并不是被所有的共文化群体成员同等地感知到。相反，与每一种共文化实践做法相关的代价与回报的感知在很大程度上取决于共文化群体成员的个体经验场。例如，同样的结果既可以看作是正面的又可以看作是负面的，这要取决于个体的首选结果。

（六）交际方法

在共文化实践选择的过程中最后一个有影响的因素就是交际方法。一方面，交际方法可以被描述成非过分自信的、过分自信的或攻击性的。从共文化群体成员的角度来说，非过分自信型行为包括在把他人需求置于个人需求之前时个体受到束缚的行为。攻击性交际行为是指那些含有伤感情的话语的、提升自我的、支配性（把个人需求置于他人需求之前）的行为。过分自信型行为代表着非过分自信型行为和攻击性行为两个极端的平衡点。它包含了考虑自我和他人双重需求的自我提高的且富有表现力的交际。

这六种共文化因素内在的互相依赖为共文化策略的决定提供了全面的论点，尽管共文化群体成员在不同意识层面上从事着交际活动，这些重要因素影响共文化交际活动的方法也各不相同，但是这些因素还是帮助我们清楚地表达了共文化理论背后的基本思想。

经验场支配着人们对与各种交际做法有关的代价和回报的感知，同样也支配着从事各种交际活动的能力，置身于某一特定经验场，共文化群体成员会在他们首选结果和交际方法的基础上采用某种交际取向来适应具体的情景。

二、共文化理论的前提假设

共文化理论有两个前提：（1）共文化群体的成员在主流社会结构中处于边缘地位；（2）当面对压迫性的主流文化时，共文化群体的成员可以凭借一定的交际方式来获取成功。

共文化理论扎根于五个认识论上的假设，每一个都反映了它的理论基础。第一，每个社会都存在等级制度，这种等级制度会给某些特定群体的人提供特权。第二，主流群体的成员在不同程度特权的基础上占据权力位置，使得他们可以以此建立并保持反映、加强并且发扬他们经验场的交际系统。第三，主体的交际结构，直接地或间接地阻碍了那些生活经验没能在公众交际系统里得到体现的人的进程。第四，共文化群体成员的经历虽然各不相同，然而他们也会享有相似的社会地位，致使他们在主流社会结构中处于边缘地位，未被充分代表。第五，共文化群体的成员策略性地采用某些交际行为来同压制性的主流社会结构进行协商。

共文化理论使我们能够洞悉共文化群体成员同其他人来协商他们的文化差异的过程。对那些感兴趣于未充分代表的群体成员的经历的研究者和实践者来说，共文化理论为他们提供了一个框架来帮助他们理解在任一特定情景下个体选择如何与他人沟通的过程。

三、共文化理论的应用

Orbe（1998）认为，共文化群体成员与主流群体成员进行交流交际一般出于三种目的：（1）同化（比如成为主流文化的一分子）；（2）适应（比如尝试让主流群体成员接受共文化群体成员）；（3）分离（比如拒绝与主流群体成员结合的可能）。其他一些影响共文化群体成员进行交际的因素包括“经验领域”（如过去的经历）、“能力”（如个人从事不同活动的能力）、“情境”（如他们是在什么地方与主流群体成员进行交际）、“预想的代价与补偿”（如一定行为做法的利弊）以及“交际方式”（即攻击性的、武断的或不武断的交际）。

Orbe（1998）将共文化群体成员在与主流群体成员进行交流交际的过程中运用的一些做法（比如边缘群体的成员如何“协商其缄默的群体地位”，1998b，第 8 页）分离出来。这些做法是由共文化群体成员的交际目的和交际方式共同决定的。不同的目的与方式组合形成九种不同的交际倾向，不同的交际倾向又对应了不同的做法：（1）若交际者不自信且分离主流群体，则会“躲避交际”“维持人际交际的障碍”；（2）若交际者不自信且意在适应，则会“增加可见度”并且“消除定势观念”；（3）若交际者不自信且意在同化，则会“重视共同点”“发展积极面子”“进行自我反省”并“避免发生冲突”；（4）若交际者自信且意在分离，则会“转向自我交际”“发展群体内部的交际网络”“显示强势”并“抱守定势观念”；（5）若交际者自信且意在适应，则会“转向自我交际”“发展跨群体的交际网络”“发挥联络者的作用”并“教育他人”；（6）若交际者自信且意在同化，则会对交际活动“充分准备”“过度补偿”“操纵定势观念”并在交际过程中“讨价还价”；（7）若交际者怀着冲突之心且意在分离，则会在交际中“攻击他人”“妨害他人”；（8）若交际者怀着冲突之心但意在适应，则会“正视交际活动”并“从中受益”；（9）若交际者怀着冲突之心但意在同化，则与主流群体之间会“游离其外”“策略性地保持一定距离”并且“自我嘲弄”。

四、共文化理论的批评和总结

起初，共文化理论代表的是由未充分代表的群体成员的交际经历而形成的框架。在过去的十年里，学者们利用、拓展并且批评了共文化理论并以此拓展了该理论最初的研究范围。毫无疑问，学者们正在把共文化理论应用于那些似乎适合该理论使命的研究领域。但这不是最初预期到的。

回顾共文化理论的不同应用和延伸得出了这样一个结论：理论的任何真正进展都不是通过该理论最初的贡献者产生的，而是通过他人的研究取得的。这一点未必适合所有理论。但是共文化理论所经历的发展正是其他学者的研究产物——

无论是独立工作还是与理论原创者通过各种努力合作。就此而言，我们对每一个与共文化理论有联系的学者提出一个挑战：超越简单的理论应用来回答曾经如此有价值的“那又怎么样”的问题。创造性地、批判性地思考以决定你的研究如何拓展，批评或反驳现存的关于共文化理论的研究。对于一个理论的价值的真正检验部分在于它的寿命。共文化理论——以及它对理解文化、权力和交际之间关系的效用——可以经受住时间的考验，只要学者们和实践者们超越该理论的最初意图和目的继续研究。

第三章　跨文化的语言交际

第一节　语言的概述

一、语言的定义

语言就广义而言，是采用一套具有共同处理规则来进行表达的沟通指令，指令会以视觉、声音或者触觉方式来传递。严格来说，语言是指人类沟通所使用的指令，即自然语言。

人的肢体行为是语言使用的主要形式。口头的声音、手势和表情是人们身体行为的体现。口语是最重要的语言交际方式。符号的应用主要表现为文字，是现代人类语言中最大的应用类别。在当代语言学和语言哲学领域，对这些重大问题有两种不同甚至相反的处理方法。

一种方法着眼于语言的形式维度，把语言看作一个抽象的、形式化的符号系统，强调语言自身与外部世界的关系。它主要借助集合论、数理逻辑等技术工具，以形式语义学为例。它倾向于在不使用语言的情况下思考语言与世界之间的指称或表达关系。因此，它忽视了语言的社会性和常规性。我们可以称之为“二元进路”，它从弗雷格开始，后来的代表人物包括维特根斯坦、乔姆斯基、戴维森和克里普克等。

另一种进路集中关注语言的社会维度，研究作为一种社会现象的语言，强调人类共同体对语言和意义的形塑或建构作用。它断言，没有单纯的语言和世界之间的关系，后者取决于在其日常交往中使用该语言的人类共同体。正是语言共同体确立了语言和世界之间的指称或表述关系，给语首表达方式赋予意义和相互间的意义关系。为了合理地说明语言及其意义，我们不得不使用如下关键词：社会共同体、交流或交往、意向性、约定、规则、语境、公共语言、共享意义等。我们可以把这种进路称为“三元进路”，其代表人物包括后期的维特根斯坦、奥斯汀、格赖斯、塞尔、达米特、大卫·刘易斯和布兰顿等。

与三元进路的理论取向比较接近的是当代认知语言学。在很多认知语言学家看来，语言不是自主自足的系统，必须参照人的认知过程才能描述它；语言的词库、词法和句法构成一个连续体，语义先于句法，句法依赖于语义；意义先于真，理解先于真，故用真值条件语义学去研究自然语言的意义是不合适的。

关于语言研究的上述两种进路的区分，得到克里普克一段话的间接印证：“我发现自己处于两种相互冲突的情感之中，被它们所撕扯：一种是‘乔姆斯基式’的，认为自然语言中深层的合规则性，通过形式的、经验的和直观的技术的适当组合，一定会被发现；另一种则是与之对立的（后期）‘维特根斯坦式’的，认为许多，深层结构‘逻辑形式’底层语义学‘本体论承诺’之类的东西，也就是哲学家号称能够通过这些技术而发现的东西，不过是一种空中楼阁。我不知道如何去化解这种紧张关系，但在本文中我默认了第一种倾向。”

应该强调指出，“二元进路已经发展出一些带有实质性的语言学成果，例如乔姆斯基的转换生成语法、戴维森的真值条件语义学、蒙塔古语法、克里普克的可能世界语义学等，它们大都能刻画语言的生成性或组合性，即语言使用者基于有限的语言资源获得的对潜在无限多的长而陌生句子的理解能力。但是，三元进路却没有发展出有影响力的理论（维特根斯坦及其追随者甚至讨厌和反对任何牌号的‘理论’），也没有获得多少有实质性的技术成果，或许应该把奥斯汀、塞尔等人的言语行为理论和格赖斯的会话含义学说排除在外。于是，在对语言和意义的两种不同研究进路中，在整个 20 世纪，二元进路始终占据了支配性地位，正如塞尔所断言的。”在语言哲学和语言学中，对语言的标准说明倾向于低估并因此错误地解释社会和社会约定的作用。

二、语言的特征

文化是语言的重要基础，语言是文化的主要载体。在人类社会的发展中，文化是第一位的。从原始社会的绳系文化到当今社会的社会文化，深刻反映了当时社会的世界观、人生观和价值观，是人类发展过程中的宝贵财富。为了传播和记录这些文化，语言是随着社会的发展而产生的。

不同的国家有不同的文化，他们的礼仪和交流规则也会不同。在跨文化交际中，如果我们不能理解这种差异，就必然导致文化误解和文化冲突，语言的产生也会使这种差异更加严重。对语言本质的理解有利于解读语言系统中的文化因素，对完成人际交往中的信息传递和互动起着基础性的作用。

（一）符号性

语言具有符号性，其涵盖了内涵、形式及音义等体系，语言是物质的载体形式。语言系统可以分为不同的层次，如语音、词汇、语义及语法等系统。这些不同的层次之间相互依存，但每个层次有其独立性。以上所有系统中，语义系统是最关键的，需要将语法、词汇及语音系统的表达有机结合起来作为语义系统的展现条件。因此，一个完整的语言系统需要遵循一定的语言规则。物质性是符号的基础，是符号存在的前提和基础。符号通过物质性可以实现物化，如听觉符号只有在声波存在时才会存在。不同的符号表示不同的含义，符号所表达的具体意义需要经过人类的约定来完成。

（二）信息性

语言是人际交往、思维活动的一个载体，因此能够对信息进行传递，即具有信息性。语言的信息性主要表现在语言是将符号作为载体，对人们交际过程中的语音和消息信息进行传递、储存和改造的过程。在所有的能够表达信息的符号集合中，语言所具有的信息表达效果是最理想的，并且语言的表达方式也存在着多样性，基本能够完成大多数的信息传递，对人类的思维成果、意识形态以及知识储备能够很好地表达出来。可以直观地说，语言就是联系主观世界和客观环境的一个中介。

（三）文化性

在传统的语言学埋论中，其研究的重点是语言的符号特征、物理性能以及生理特点等内容。而在现在的语言学理论中，语言是一种特定的社会文化现象，因此，在研究语言时，首先要研究社会的文化现象，这主要是由于现代的语言所具有的文化特征表现在语言的符号观以及社会价值等诸多方面。基于此，我们可以清楚了解，语言是具有文化性的。

文化是人类在社会活动中精神与物质的结晶，文化所具有的这个特点，便使其和语言之间存在着十分紧密的关系。人类文化的发展主要是由于语言的产生和应用，语言的这些和社会、人类难分难解的关系与特点，充分地展现了语言所具有的文化属性。

语言不仅仅是人们思维活动、社会意识产生的产物，还是人们用以表达思维、揭示意识的一种具体方式。总体上，我们可以说，语言是等同于文化的存在，语言除了拥有其自身的特点外，还有着文化的基本特征。另外，语言还能够限制文化发展、表达文化信息和反映文化特征等。文化的差异性除了体现在精神领域方面，在语言的系统本身方面也有着充分的体现，各个民族所具有的文字、词汇、语音及语法等方面的内容都能找到其民族的文化、历史的足迹。

对于人类来说，其各自的思维和认识是很难进行直接的沟通交流的，但通过语言，人类可以采用发音、书写、手势等方式来传达自己所要表达的信息，与他人顺利地交流沟通。

三、语言的首要功能及其本质

语言的首要功能是交流而不是表征，语言在本质上是一种社会现象。语言至少具有两大功能：公共交流和思维表达，几乎没有人否认这一点。但是，对于“哪一个是语言的首要功能”这个问题，人们的看法却有很大的分歧。比如，乔姆斯基认为语言的首要功能是作为思维的工具，而有的学者又坚持认为交流才是语言的首要功能。不同看法将导致不同的理论后果，因为思维可以是并且主要是个人的事情，乔姆斯基因而强调语言是个人的一种天赋，有遗传学基础，具有普遍性、自主性等特征。交流却必须在社会中进行，其目的是合作，合作是社会共同体的行为，受集体意向性支配，或者强调语言的社会性和意义的公共性等特征。

四、跨文化交际中语言的主观性

跨文化交际中，处处可体现语言的主观性，语言的主观性融入语言使用者的话语表达中。语言主观性是人自我意识的一种表现形式，在跨文化交际中起着非常重要的作用。跨文化交际的本质是人的活动，是人在交际活动中的主体地位或“自我”的体现，这种特征无处不在。在交际过程中，对话语的编码和解码都离不开语言使用者的参与，任何言语都会或多或少地承载着语言使用者的态度、观点、想法、情感等主观因素。在对话语编码和解码的过程中，语言主观意义无处不在，语言使用者对语言的选择也是语言主观意义形成的过程。人的知识、认知、交际口的、意图、态度、想法、情感、意识等主观因素，都会或多或少地影响语言主观意义的编码与解码。

第二节　语言交际

一、语言交际的原则

实现一次成功的语言交际必须遵循一定的行为准则，即语言交际原则。这些原则不是人为地随意制定的，而是在语言交际实践中总结而来的，是对语言交际规律的归纳。语言交际活动的构成要素主要是人（交际主体）、环境、信息（交际主题）、工具（交际语言）。对语言交际原则的确定，应考虑到针对语言交际过程中不同要素提出的相应的不同规则，建立一个相对完备的、关照语言交际活动全过程的语言交际规则体系，即在语言交际中我们要考虑到交际主体、交际主题以及交际语言应遵循的语言交际原则。

（一）针对语言的原则

即交际主体应如何组织语言规范其交际行为。语言规范原则，是针对语言运用的最基本的要求。语言规范主要体现为书写规范、语法规范，还包括话语要连贯、简明，这是语言表达的基础要求。

审美原则是在语言规范原则基础上，对学生语言运用提出来的较高要求。它要求，语言在准确的表情达意之外，还应尽量给人以美的愉悦与享受，在学生作文中，审美原则一般体现在内容美和形式美两个方面。

（二）针对主体的原则

针对主体的原则即交际主体规范其交际行为需要遵循的原则。其中，合作原则是由美国的语言哲学家格赖斯首先提出来的。

拥有共同的语言交际目的是每一次成功的语言交际形成的基础。为达成交际，交际双方需要调和表达主题以及表达方式等各种交际因素，确立一个共同的交际目的。交际过程需要建立在诚信以及合作的基础上。

语言交际的诚信原则中："诚"即诚实，关照往昔、现今，指语言表达要尊重事实；"信"即信用，关照将来，指语言表达要有根据，在未来能够实现。诚信原则不仅要求主体如实反映自己的认知成果，同时还要求其能够尽可能地去接近事实，进而反映事实。

在合作原则之下，有数量原则、关系原则、方式原则三个二级原则。数量原则主要包括两个方面的内容：一是使所说的话达到交际目的所要求的详尽程度；二是不能使自己所说的话比所要求的更详尽，所选取的表达观点的材料要详略得当。关系原则也叫关联原则，即说话要贴切，要有关联。语言交际总是有意识的活动，交际主体一般都要围绕一个或多个话题，即在内容安排下，要有一定的逻辑顺序，紧扣主题；方式原则主要包含避免生僻词汇，避免歧义，避免赘述，避免逻辑混乱等内容。

数量原则与关系原则关照语言交际中应说什么，而方式原则则关照语言交际中的表达方式。需要注意的是，合作原则是交际双方都要遵循的基于交际平等的交际原则，面对不同的交际对象要设置有所差别的交际目的。

（三）针对主题的原则

针对主题的原则就是交际主体应如何适应交际主题、交际环境规范语言交际行为。

道德是人类行为规范的综合，对于语言行为的规范，主要表现为交际主体的个人修养与自律。道德就其所调整和规范的范围大小可以分为公共道德和家庭道德。语言交际中的公共道德准则，就是要求个人的语言行为应与公共道德和公众利益相一致，语言交际不得违背公共生活准则，不得破坏社会文明风尚和公共生活秩序。具体来说，就是要注意语言文明，特别是不能使用脏话、粗话和有暴力倾向的语言；杜绝语言歧视，即通过语言行为体现出来的对待特定人群的不公平态度；阻止流言扩散，不盲从轻信，更不传达没有事实根据的流言。家庭道德是指家庭中的道德规范，它是整个社会道德的一个重要组成部分，又是一定社会道德的体现，主要表现为对称呼的运用以及家庭话题的选取上。在我国，家庭内部年龄上的“长幼有序”十分严格，尊老爱幼的优秀道德传统也一直传承至今，是优秀的中华传统道德文化中不可或缺的一部分。道德以善与恶、荣誉与耻辱、正义与非正义等作为评价标准，并逐渐形成一定的习惯与传统，以指导或控制人们的行为。

二、语言交际能力形成的基础

个人所具备的文化素质基于其文化知识积累量，积累量最大，他的文化素质就越高，语言交际话题、内容就会越开阔，他对话题的理解、分析和阐述也就越全面、深刻。

运用观察能力和思维能力，交际者能够对事物的本质进行剖析，这两种能力越强，就越能细致地观测到事物的细节，透彻地理解现象的本质，从而提升语言交际的效果。一个人的思想水平制约着其语言表达的能力，对交际目的的发散考验着交际者的思想修养以及见识水平。

三、语言与语言交际能力的区别

语言交际能力，是指交际者在使用语言对信息进行表达和传递时所展现出的一定的交际目的的能力，简单来说，就是语言交流的技巧、表达思想的准确度和传达信息的及时性的能力。需要注意的是，语言交际能力与语言能力存在着一定的区别。语言能力是指语言结构方面所具有的能力，主要包括语音、词汇以及语法等方面对语言知识进行认知的能力。而语言交际能力是指运用语言进行信息传达所具备的能力。两者之间的关系是，语言能力是语言交际能力的基础，而语言交际能力则是语言能力在特定环境下的具体运用。

另外，语言交际能力不仅能够体现出是一个人所具备的语言运用能力，还能够展现出一个人所具有的思想、学识、思维、心理等多方面的能力与素质。因此，交际者如果想增强其语言交际的能力，在熟练掌握语言知识时，还需要加强文化和心理素质、观察和思维能力、思维和表达修养等方面的能力和素质。具体来说，如果个人具备较强的文化素质，那么其语言交际的话题、内容就会十分宽阔，他在对别人所提出的话题进行理解、分析和阐述的过程也会显得十分全面和深刻；个人如果能够灵活运用观察和思维的能力，便能够很好地分析事物所具有的本质，能力越强，所观测到的事物细节也就越多，离完全理解事物本质也就越近；另外，个人的思想水平能够限制其表达语言的能力，表达修养是交际者所拥有的语言交际能力能够充分展现的平台。

第三节　语言与跨文化交际

跨文化交际不仅可以使语言使用者更好地认识、理解和包容本民族文化，还能更好地认识、理解和包容他民族文化。同时，在整个跨文化交际中，语言使用者会将自己的态度、观点、想法等主观因索寓于言语及非言语中，即跨文化交际与语言主观性相辅相成，密不可分。不同文化背景的语言使用者会使用相同的语言进行交流和互动。

一、语言与文化的关系

语言是文化的一个强力的载体，又是对文化的真实写照。人类文化能够经久不息地发展和传承，依赖于语言的产生和发展。

文化能够影响到语言词汇的发展方向与使用条件，具体影响在语言的语法、讲话规则、篇章结构、文体风格等多个方面。人们在交际过程中，尤其是跨文化的交际，不断意识到如果只掌握了一门语言所具有的语音、语法和词汇等知识，而对深层的文化意义不了解，交际的过程是不可能顺利进行的。

语言与文化有着密切的关系。由于语言的产生和发展，人类文化才得以产生和传承。不存在没有语言的文化，也不存在没有文化的语言，广义的文化包括语言，同时文化又无时无刻不在影响语言，使语言为了适应文化发展变化的需要而变得更加精确和缜密。

语言既是文化的载体，又是文化的写照。例如，骆驼在阿拉伯人民的生活中曾经起过十分重要的作用，因此，阿拉伯语中目前还保留着几十个与骆驼有关的词。

我国云南、两广有许多地名中有“峒（或垌、洞）字。“峒”在壮语中是“田场”的意思，即同一水源的一个小灌溉区。在同一灌溉区从事稻作的人同住在一个峒里，形成一个单独的居民点，相当于汉语的“村”。“峒”字地名众多说明这些省份自古以来稻作文化发达。

亲属称谓是语言反映文化的一个突出例证。例如，在英语中的brother是“兄”或“弟”，sister是“姐”或“妹”，汉语中没有一个字与brother或sister完全相等。在我们的文化中严格区分“兄”与“弟”和“姐”与“妹”，因为“长幼有序”。英语中uncle一词相当于汉语中的“伯父、叔父、舅父、姨父、姑父”，aunt相当于汉语中的“伯母、婶母、舅母、姨母、姑母”，这反映了汉语文化不仅注重长幼顺序，而且对于父系、母系或姻系亦十分重视。

中国人的辩证思维方法与崇尚对称和谐的文化心理也大量反映在汉语词语中。汉语中有许多由意义相反或相对立的词构成的成语，比如水深火热、因祸得福、眼高手低、无中生有、得不偿失、公而忘私、悲喜交加、赏罚分明、权衡利弊、明辨是非、无足轻重、人心向背、自相矛盾等。

由于汉民族对于对称的偏爱，因此词汇出现了由单音节向双音节发展的趋势。我们不喜欢说“桌”“椅”“石”“木”，而习惯于说“桌子”“椅子”“石头”“木头”。现代汉语词汇中，双音节词约占70%。汉语重视词语结构排列的匀称性。古代诗歌大量使用对仗，考究对仗工整，实际上受匀称性规律所支配。汉语有音乐性，离不开匀称二字。四字语的语音段落一般是语音上成双成对，平仄相间，念起来节奏匀称，十分上口。成语和早期的诗歌都以四言为主，千字文、百家姓以及古往今来对人物和诗文的评语往往也用四言。现代成语绝大部分是四字，据统计约占成语总量的95%。例如：朝秦暮楚、朝三暮四、天涯海角、水落石出、山穷水尽、同床异梦、除暴安良、色厉内荏、取长补短、借古讽今、深居简出、名存实亡、南辕北辙、阳奉阴违、车水马龙、山清水秀、风和日丽、离乡背井、仁人志士、良师益友、五湖四海、心明眼亮、破釜沉舟、审时度势、沉鱼落雁、毕恭毕敬等。汉语中还有许多对偶格式的成语，如仁者见仁，智者见智。十年树木，百年树人。不塞不流，不止不行。流水不腐，户枢不蠹。江山易改，秉性难移。落花有意，流水无情。道高一尺，魔高一丈。兼听则明，旁听则暗。

以上仅仅是从亲属称谓的使用和词的构成方面观察文化对于语言使用的影响。实际上，文化对于语言的影响表现在许多方面，诸如人口、地名、商号名的选择，口才及语讳，成语及谚语等。专门研究语言与文化关联的一门学科是文化语言学。在西方大致属于人类语言学和社会语言学的范畴。

文化不仅影响词汇的发展与使用，在语法、讲话规则、篇章结构、问题风格等许多方面，文化都施予很大的影响。越来越多的人认识到只掌握语言的语音、语法和词汇，不了解深层的文化意义，不可能进行顺畅的交际。

二、语言行为与跨文化交际

在跨文化的交流过程中，我们除了需要注意词所具有的概念意义，更重要的是需要随时随地关注其蕴含的意义。在不同语言中，其意义可能出现下列几种情况（两种语言分别以 A、B 代替）：

第一种情况：A、B 概念意义相同，内涵意义相同或相似。在中英语言体系中，这情况的词汇数量是相对较少的，比如，fox 与“狐狸”在中英文中其概念意义相同，内涵意义也都包括了“狡猾”的意思。

第二种情况：A、B 两种语言所具有的词汇概念意义相同，但其具体的内涵意义不同。例如，红（red），在中国历史上大多数的朝代对于红色都是十分推崇的，古代的中国人喜欢用红色来表达幸福、喜庆、吉祥、欢乐等情感，结婚被人们称作为红喜事，结婚的礼服是以红色作为主色调。这种文化到汉语的应用上时，包含“红”的一些词通常都蕴含着兴旺、发达、顺利等意义，比如，“红红火火”便是指旺盛或者经济优裕的生活条件。在英语中“red”则没有汉语的“红”具有的文化内涵，反而是更多的有着暴力、血腥、低俗等含义，在英语的词汇中仅有“red carpet treatment”一词中表示对尊贵的客人给予隆重的欢迎，“red”

有着比较正面的意思。更多的是如“in the red”是指经济出现赤字。

第三种情况：A 语言的词汇具有内涵意义，而 B 语言中的词汇则没有类似的内涵。比如在汉语中，由于松柏具有四季常青，且其树龄可达千年的特点，有着长寿的象征意义。而鹤在中国文化中又有着仙鹤之称，被人们认为是一种神仙所乘坐的鸟，也有着长寿的象征。另外在中国的神话传说中，西王母用蟠桃来宴请神仙，因此桃也象征着长寿。而在英语的文化中，与松、柏、鹤、桃等相对应的单词是 pine，cypress，crane，peach，并没有中国文化中所具有的长寿象征的内涵意义。

因此，人们在跨文化交际时，需要掌握双方文化中的语言知识，才能够保证交际的顺利进行。人们在使用语言时采取了一套语用规则，即讲话的规则，其内容包含了如何称呼对方、如何提出要求、如何接受或拒绝对方的要求、如何告别等。

和语言的使用规则相比，语用的规则是比较难以掌握的。其中的原因首先是因为语音、语法、词汇的各种语言规则已经被人们整理归纳了，我们可以通过各种语音书、语法书以及字典等工具进行学习和查询。而语用规则却还没有被人们总结归纳成为一种权威性的存在。另外，人们在使用语言规则时往往都会根据其语言系统自觉地运用，而在使用语用规则时，多数情况下人们都没有一种自觉性，语用规则的难以掌握在不同文化中对与称谓的不同中便可以体现出来。在英语体系中其社交称谓没有汉语中的繁多和变化大，其中，采用汉语体系中的语用规则来称呼英语体系中的人时，也有些称谓在英美人看来是不能接受甚至会反感的。比如，很多中国的学生直接用姓来称呼教师，一位女教师全名是 Marcia Vale，其学生一般呼她为 Dr，Marcia 或 Dr，Vale，但有的中国学生便采用中国文化中对于别人直呼其姓来表示亲密的特点，称呼女教师为 Vale，但在这位教师看来，这是一种非常不礼貌的行为。因为在英语体系汇总中，对人称谓也同样存在多种方式，但是却没有直接称呼人姓的方式。

在美国的许多其他国家的学生常常认为美国人讲话是不靠谱的，比如当其说出了要邀请吃饭的话，但很久之后都没有兑现。这主要是语用规则的不同而形成的误解，美国人说："We must get together soon"（我们一定得聚聚）往往代表的只是一种客套的话语，如果当真便会造成误解。因为在英语语用规则中，如果想要正式邀请人吃饭，其说的内容包括了时间、地点等诸多具体的信息，例如，"Come over for dinner next Friday night"（下星期五晚上过来吃晚饭）便是明确的邀请。

上述的这些例子都充分说明了语用规则在跨文化交际过程中对于思想的正确交流有着举足轻重的地位。

人们在进行跨文化交际的过程中，其交际的风格也会对交流的过程造成影响。我国的语言学家赵元任认为，在汉语中讲话是属于一种"主题—述题"的结构。具体是指，在表达一个意见时，中国人往往喜欢在主题部分列举出人、事物或观念，而在述题部分进行评述。在英语体系中也有采用主题述题的结构，但在英语文化中人们更喜欢采用主语—谓语的结构。著名的华裔美国学者杨威玲做了一项试验，试验内容是：让五位北京教授用英语和中国香港的商人进行预算讨论，他们在交流的过程中没有任何交流困难，而将交流过程的录音放给英美人听时，英美人便觉得其内容难以理解，这不是说他们理解不了句子意思，而是不能理解中国人在讨论事物时喜欢先摆材料，最后进行总结的交际风格。

（一）打招呼用语

中西方不同的思维习惯使得人们在打招呼时所采用的言语不同。在日常交流打招呼时，中国人通常会使用"吃了吗？""去哪儿？""忙什么呢？""回来了？"等方式，其问话具体，打招呼的种类繁多，形式也十分灵活，并不会局限在某一种格式当中，其招呼的具体内容主要是根据见面时的时间、地点等具体情况来进行。这在中国人看来是一种能够体现人与人之间亲切感的表现。但这些方式对于西方人而言，却会令对方感到突然、尴尬，甚至出现不快的心情，这主要是西方社会十分在意个人隐私，他们会将这种打招呼理解成为一种对其隐私的"盘问”，从而感到不快。在西方的国家中，他们问候方式通常只是一声“Hello”，更进一步也仅仅是按时间进行划分，问候“早上好！”“下午好！”“晚上好！”便可以了。除了简单的问候外，西方人在打招呼时通常还会讨论天气或者是不涉及隐私的询问近况，比如“今天天气不错呵！”“最近好吗？”而在其初次见面通常会说“认识你很高兴”之类的客套话。

实际上，随着时代的不断发展，在中国文化中的那些问候语，也基本上脱离了产生初期时那种对人表示关心以及讲究具体使用情况的特点而成了一种单纯的打招呼的方式。人们见面时说出这些问候语，也并不要求对方会做出明确回答，即使答非所问也不会过多在意，因为这已经实现了见面时打招呼问候表示友好和礼貌的目的。但这些问候语在西方国家的人们来说，往往会产生误会。比如把“吃了吗”误认为要请他吃饭，另外对于那些明知故问式的问候语“回来了”“下班去”“正忙着”等也觉得是一种多此一举的话。这是因为西方国家的人们对于汉语问候语中的虚义和实义没有弄明白。

另外，中国的文化由于长期受到儒家文化思想的影响，因此，在人们打招呼时通常会相互寒暄几句，比如迎接远道而来的友人时，中国人往往会说“旅途劳顿，一路辛苦了”，而这在西方人的习惯看来，是不能理解的，他们往往会直接说“You have a good trip”。这也说明了中西方在某些场合下的问候语的功能及使用方面是相同或相似的，但由于文化的差异其侧重点也会存在差异。

第四章　跨文化的非语言交际

第一节　非语言交际的概述

随着经济的不断发展，我国对于文化的发展也有了越来越多的关注。不同文化之间的相互交流不断加深，文化的交流方式也不仅局限于语言。在跨文化交际中，由于语言上的差异，通过一些非语言行为进行交际就显得更加重要。非语言行为如同语言一样，代表着不同的含义。在跨文化的交际中，非语言行为打破了相互之间的隔阂，通过一些肢体语言，或者是服饰、发型等传递出的一些东西，都代表着不同含义。在现代的文化交流中，大家普遍重视语言的交流，忽视了非语言文化的重要性。然而，在跨文化的交际中，非语言行为所传递的内容会比语言更加重要，其关键因素在于跨文化之间的语言差异。非语言行为打破了由于语言给文化交流带来的差异，保证了各项文化交流的顺利进行。人们更应该认识到，人类运用非语言交际的历史极为久远，甚至非语言方式是人类语言产生前传递信息相互沟通的主要方式。

一、非语言交际的定义

对非语言交际的研究最早可以追溯到我国的先秦诸子，先秦时期的教育家孔子就很注重对学生的“行”的方面的教育，在教学活动中也很重视自己的非语言行为，以身作则，事必躬亲。

在我们的日常生活中，我们通过各种各样的形式来表达我们的情感和传达给别人信息，无论是通过文字还是口语的形式，这些都属于语言行为，也就是通过现实存在的一些话语来传递信息。除此之外，我们还会通过其他一些形式来传递自己所要展现出来的一些信息，包括肢体语言、服饰、妆容、说话的声音、语调等，都能够传递出一些信息和内涵。这些除了语言行为之外的行为，就被称为非语言交际行为。不同的文化之间，由于语言的不同，对于文化之间的交流也会造成很大的阻碍。通过非语言交际行为，能够准确地传递出自己所要表达的内容，在很大程度上避免了因为语言不通而带来的交流问题，促进了不同文化之间的相互融合。不同的文化之间，一些非语言行为所传递出的内容和信息也是有差异的，但某些行为又具有约定成俗的含义，这样会给不同的文化在交流过程中带来很大的便利。但是在跨文化的交际中，想要更好地使用非语言行为进行交流，就要对不同文化之间的非语言行为所传递出的一些信息和答案进行深入的了解，了解一些非语言行为所传达出的含义。通过了解非语言行为所传达的含义，才能够更好地使用非语言交际行为。

基于中西方学者对非语言交际的看法，可以统计为以下三点。

第一，在交际中，语言交际与非语言交际是密不可分、相辅相成的。非语言交际可以单独传递信息和表达情感，也可以通过对语言交际的补充来表达信息。

第二，非语言交际的方式多种多样。是除语言以外的交际行为，是通过非口头和非书面的方式向信息接收者传递信息，并使接受者能够有效地接收信息。

第三，非语言交际必须依存在一定的交际环境中，不同的交际环境中非语言行为的表达效果不同，同一交际环境中不同的非语言交际行为具有不同的表达效果。

二、非语言交际与文化的关系

跨文化交际中的文化冲突不仅仅是人与人之间的语言交流造成的，在很大程度上，非语言行为的不当表达也造成了文化的误解和冲突。因此，非语言交际在跨文化交际中是非常重要的。

文化和绝大多数非语言交际行为是代代相传、后天习得的，是一个社会长期的历史文化积淀的共同习惯。非语言交际与文化因素密不可分。人们的非言语行为是在社会文化中习得的。非言语交际的效果往往取决于长期的文化环境和全民的文化取向。

非言语交际与文化是密不可分的，人们非言语行为的形成依赖于一定的社会文化环境。不同的国家有着不同的历史传统、社会环境、文化基础和民族特色。人们在这些不同的文化氛围中形成了不同的非语言。他们的非语言表达了他们的民族价值观、道德情感、宗教信仰、社会制度和思维方式。人们经常习惯于自己文化中的非语言行为。他们默认自己的非语言行为是文化表达和交流的模式。然而，他们对不同文化中不同于自己文化的非言语行为极为敏感，不自觉地产生文化优越感，导致理解上的偏差或误解，导致非言语交际引起的文化冲突越来越多。非言语行为通常不是单独使用的，也不总是有意识的。因此，人们在跨文化交际中应特别注意非语言交际的运用。

由于不同的价值观、文化形态、信仰、制度和思维方式，不同的文化和民族往往有不同的非言语交际行为。一个社会群体的成员可以接受同样的行为，但另一个文化群体的成员不能接受。中国人吃好喝好时用手拍拍肚子，这意味着我吃饱了，而美国人把手掌放在喉咙上，做一个手势，意味着吃饱了，已经到了喉咙。有时同一种非语言表达形式有不同的含义。非言语交际与文化密不可分。与文化一样，大多数非语言行为都是后天习得的，是长期积累下来的一些共同的社会习惯。同时，某些非言语行为也能反映一定的文化特征和民族性。它们表达了社会全体成员的能力、风俗习惯，直接或间接地表达了社会的文化信息。

然而，即使我们总结了同一个国家或民族共同的非言语行为，在实际的交际中，由于职业、年龄、性别、文化水平等的不同，同一个国家或民族的人对非言语行为的理解也会有所不同。在跨文化的非语言交际中，值得我们注意的有两方面：一是要注意在实际交际中，多种非言语行为同时出现；二是不能描述所有的非言语行为，然而，我们应该对共同的非语言信息有一个大致的了解；三是我们只有先了解自己文化的非语言行为，才能理解其他文化的非语言行为。

由此我们可以看出，只有深刻理解文化差异，才能保证跨文化交际的顺利进行。

三、非语言交际在跨文化交际中的作用

许多人认为，在跨文化交际中，只要掌握正确的语言交际准则就不会“祸从口出”，但事实并非如此。人们常常忽视伴随着与他人的口头交流的非语言交流行为的准确性、适当性和可接受性。在跨文化交际中，一些看似轻微的非语言行为往往会导致交际失败或效果不佳。

同时，非语言交际行为在跨文化交际中的作用也是多种多样的。它不仅可以积极地补救和解决语言交际中的误解，而且可以在一定程度上强调和维护语言交际。它具有语言交际无法达到的效果。例如，当我们遇到外国游客用英语问路时，由于我们的英语口语不太好，不能清楚地表达目的地的具体位置，但我们可以用手指向目的地的方向，外国游客就能够大概明白我们的意思，随着手指的方向寻找目的地，这反映了跨文化交际中非语言行为对语言交际行为的补救。非语言交际行为在跨文化交际中的作用是不可或缺的。

人们在与他人交流时往往忽视非语言交际行为的准确性、恰当性和可接受性。跨文化交际的难点在于文化差异对交际双方的影响和干扰。如果排除交际过程中的语言因素，我们只能从非语言因素的角度来分析非语言交际在跨文化交际中的作用。谈到跨文化交际，人们往往一开始就想到学习外语。他们会更加注重语法的正确性、词语的合理性和发音的准确性，而忽略非语言交际行为的表达。然而，非语言交际行为和手段往往会对跨文化交际的效果产生很大的影响。非语言交际中的错误常常导致误解和冲突。事实上，非语言手段在跨文化交际中的作用比语言交际更为重要，因为当语言交际中存在障碍或冲突时，非语言交际可以起到替

代、补充和扭转的作用。学习和研究非语言交际对跨文化交际的影响，也可以开阔视野，发挥自己的优势，认识自己的不足。非语言交际和语言交际对于跨文化交际的顺利进行具有同等的重要性。非语言信息通常比语言信息更真实。

当我们生活在这个社会中，我们不可避免地要与他人交流，特别是在跨文化交流中。即使在语言障碍明显的情况下，优雅的行为也会给人留下良好的印象，同时也能彰显个人修养和品质。

霍尔在其著名的作品《无声语言》中强调了非语言在交际中的重要性。从本质上讲，非语言交际贯穿于交际的全过程，最能反映一个人的真实态度、心理活动和价值观。总之，非语言交际对跨文化交际的成功起着重要的作用。

第二节　非语言交际类型及其语用失误

一、体态语

（一）体态语分析

体态语又称肢体语言，是指传达交际信息的表达和动作。根据法斯特的说法，肢体语言是一种通过全身或身体某一部分来与外界交流的反射性或非反射性动作。我们也可以把它理解为除了客观语言，身体的任何部位都可以表达各种情感内容，在一种文化中不产生任何意义的非语言行为可能在另一种文化中表达具体和实际的意义，成为非语言交际。这是因为所有的肢体语言都有其文化特征。由于人体可以做出多种姿势和动作来表达各种意义和各种情绪，因此对它们的分类非常复杂。

埃克曼和弗里森将人体运动分为五类：一是象征性运动。象征性动作经常被用来代替语言行为，通常有明确的含义。二是解释性动作。这种行为往往伴随着语言使用来说明语言行为的更深层次的含义。三是情绪表露行为。情绪表露通常是通过面部表情完成的，可能是有意识的，也可能是无意识的。四是规范性行为。该行为主要用于在面对面访谈中对谈话进行规范和制定标准。五是适应性行为。适应动作可分为：①自我适应动作，经常发生在自己身上，如拉衣服、搓手、挖鼻孔；②变身适应动作，经常发生在与他人交流时，如攻击、防御、向前或向后；③对象适应动作，这类行为的完成往往需要借助物体，如梳头、穿鞋。

肢体语言包括面部微笑、眼神、头部姿势、手势、腿部姿势、体触行为等。

1. 面部表情

人们脸上可以做出丰富的表情，根据研究，大约可以做出 25 万种表情。其中，有的表情只需要借助脸上一个器官，但是有的表情必须被多个器官共同激活；有的表情在脸上稍纵即逝，有的则会停留一段时间；有的表情只表达一种意思，有的则是多种感情“混”在一起。因为面部表情在交流中起着非常重要的作用，所以在交流中我们可以从面部表情中看到一个人的心理、情感、性格和思想等。

（1）眉毛

眉毛能传达丰富的信息。双眉向上，可以表示喜悦或惊讶；单眉向上，表示不理解或怀疑，甚至带着调侃意味。在日常交流过程中，西方人频繁地用眉毛来传递信息。他们经常用耸肩和扬眉来表达问题或“什么都没有”“无所谓”等。而在中国，利用眉毛传递信息被认为是不尊重别人，这也反映了中国人的含蓄和内向。

（2）嘴部

人的嘴部动作非常丰富，在一定程度上反映了人的性格和心理态度。与人交谈时，用上牙咬下唇，或用下牙咬上唇，紧闭双唇，这意味着这个人在专心听对方的演讲。紧闭双唇，给人以严肃的感觉，他可能在心里仔细分析对方的话，也可能在认真反省自己。有时在交流过程中某人会突然用手捂住嘴、伸舌头，那代表他可能说错了什么，以此来掩饰自己的错误。同时，嘴角下垂可能表示悲伤或遗憾，然而，在不同的文化背景下，面部肌肉的表达也被嘴巴激活，同一嘴部动作由于使用频率和环境的不同，表达内容也不同。以微笑为例，微笑通常表达友谊、赞许、满足、幸福等内心情感，这在全世界都是一样的。但在法国，人们是不随便笑的；在美国，对陌生人微笑并不表示敌意；在俄罗斯，人们认为在公共场合对陌生人微笑是一种不正常甚至可疑的行为；在日本，在丈夫去世时一般可以微笑着掩饰内心的痛苦；而在中国，人们往往用微笑来隐藏内心的紧张。

（3）下巴

虽然下巴的动作极其微妙，但在交流过程中也会影响彼此的印象。例如，人们生气时，在西方国家，往往会把下巴抬高或拉到最前面，想把愤怒抛向对方，这可以看作一种咄咄逼人或者挑衅的表现。由于不同的文化背景，这种情况在中国却恰恰相反，与西方人表现侵略性的欲望相比，中国人往往深藏不露，攻其不备，因此大多数人都会缩下巴，以此来表现谦虚的感觉。

2. 眼神

眼神运动主要是指眼球运动的方向、持续时间、瞳孔变化和眼周肌肉的变化。人们常说眼睛是心灵的窗口，眼睛作为人的重要器官之一，在表达和传递信息内容中起着不可替代的作用。

在交流中，眼睛可以传达很多信息。如喜悦时的“眉飞色舞”，恋爱时的“含情脉脉”，心灰意冷时的“麻木呆滞”，愤怒时的“横眉立目”，惊讶时的“原目结舌”，害怕时的“眼神闪烁”。司汤达在《红与黑》中写了一段关于描述女主角眼睛的话：“在他的仔细观察以后，他思忖着他从来没有看见过如此美丽的眼睛。但是这双眼睛透露出一种内心可怕的冷酷。随后，于连又发现它们有抑郁厌倦的表情。它们在考察别人，但是它们总记得应该威严可畏。”司汤达作为一位伟大的作家，通过对眼睛的描写，他将女主人公内心表达的情感完美又隐秘地体现出来。

在不同的情况下，眼睛能反映出不同的心理状态。例如，当一个人的眼神闪烁时，他很可能在犹豫或者紧张；当他用眼睛瞟一眼别人时，他可能在表达厌恶；当他睁大眼睛瞪着别人时，他可能在表达他的愤怒或者是惊讶；当他斜视别人时，他可能在表达他的蔑视；当他的眼神闪烁光芒时，他可能是对某一件事表现出兴趣；当他在谈话中不时闭上眼睛时，体现出了这个人的自恋或傲慢。

在跨文化交际中，我们可以先利用眼球运动和眼神接触的共同特点来判断对方传递的潜在信息。眼睛是心灵的窗口，因此在传递信息时，眼神更具世界性。我们也可以利用眼睛的动作和眼神交流来帮助判断内部其他非语言交流所传递的信息。对于眼神交流的差异，我们可以选择适度原则，在交谈中遵循合作原则和礼貌原则，以便达到减少冲突的目的。

3. 头部姿势

在不同的场合，由于人们的情绪和态度不同，头部姿势也有明显的差异，这种姿势的转变随着情绪和态度的变化而变化。

从头部的姿势就可以看出一个人对他人和社会的态度。头部姿势可以概括为四种：一是直立着的头，二是斜偏着的头，三是下垂着的头，四是双手放后脑勺抱着的头。直立着的头部姿势意味着“不偏不倚”。在中国古代哲学中“不偏不倚”体现的是一种中立的态度，而这种头部姿势也有相同的意味。倾斜的头部位置表示对某事的兴趣，包括人与人之间的吸引力。例如，当有人和你说话时，你只需要在不说话的时候歪着头点头，这样会让对方感到你对他的话题很感兴趣。下垂着的头部姿势意味着否定或批评，通常伴随着严厉的话语和面部表情。双手抱头的姿势通常被认为是成功人士的招牌动作。不管是在中国还是西方国家，有自信和优越感的人，经常使用这种姿势，如会计师、律师和企业经理。

4. 手势

手势在人类的非言语交际中起着重要的作用，是一种非常重要的身体语言。由于手（包括手臂）灵活可以做很多动作，使得手语也非常生动且易于表达。因此，不同的民族和文化也可以通过手语进行交流。

早在中国古代，就有一个关于成语“上下其手”的故事。春秋楚襄王二十六年，楚国出兵侵略郑国。当时楚国十分强大，弱小的郑国实在没有能力抵抗，结果，郑国遭遇到战败的厄运，连郑王颉也被楚将穿封戌俘虏了。战事结束后，楚王弟公子围想冒认俘获郑王颉的功劳，说郑王颉是由他俘获的，于是穿封戌和公子围二人便发生争执，彼此都不肯让步，一时没有办法解决。后来，他们便请伯州犁做公证人，判定这是谁的功劳。伯州犁的解决办法本是很公正的，他主张要知道这是谁的功劳，最好是问问被俘的郑王。于是命人带了郑王颉来，伯州犁便向他说明原委，接着手伸二指，用上手指代表楚王弟公子围，用下手指代表楚将穿封戌，然后问他是被谁俘获的。郑王颉因被穿封戌俘虏，很是恨他，便指着上手指，表示是被公子围所俘虏。于是，伯州犁便判定这是公子围的功劳。就这样，虽然伯州犁没有明确自己的意思，但他用手势让对方明白，最终“达到了目的”。

因此，手作为传达情感的有效工具之一，可以表达很多富有内涵、表现心理的意思。以下是一些常见的手势。

（1）十指交叉

交叉手指也是一种无声的信号。当一个人的手指被交叉时，经常伴随着其他的动作，比如互相搓拇指或者手指相互打个小圆圈，这个手势就表明这个人正在思考还没有做出决定；当一个人的手指紧紧地缠绕在一起时，就体现出一种焦虑和沮丧的心理信号。例如，一个人失去一个爱人、错过一个好机会、失去很多钱或者极度焦虑时，这种手势常常被使用来掩饰自己抑郁、紧张、焦虑的情绪。

（2）搓手

我们注意到，当人们在参加感兴趣的活动之前，往往会不自觉地搓手，表现出“渴望尝试”的样子，表达出一种期待的情绪；当一个人对成功和期望有一定的信心时，或是无助但又期待见效快时，往往会搓着手；玩游戏掷骰子前一定要搓手，这个动作最能体现出期待好运的状态；当一个孩子看到妈妈满载而归时，他满怀期待地搓着双手，这是对于礼物的期待之情。

（3）相握背手

相握背手是指双手在身体后面的握手，这种握手会使胸部突出，自然产生权威、严肃的感觉。巡游的警察、检阅的士兵、巡查人员经常做出这样的姿态以示权威：“我在这里负责，这儿由我说了算。”此外，这种姿态也常用于人们紧张不安的时候，以缓解紧张，起到“镇定”的作用。例如，被要求在讲台前背诵课文的学生或者被迫背着双手进入审讯室的疑犯，常常背手来“壮胆”，等等。

（4）“塔尖式”手势

“塔尖式”手势是双手指尖合上形成尖顶。这种姿态有时是一种傲慢的行为，对自信的人来说很常见。不管怎样，做手势的人对他们说的话是肯定的。“塔尖式”手势有两种形式：一种是尖顶向上，另一种是尖顶向下。越多自信的人，“塔尖”越高。这一手势也是上下级之间非常常见的姿态。一些领导在做报告时，常常把胳膊放在桌子上，手不由得形成尖顶形状来表示地位。另外，尖塔位置也可以作为反击对方的有力武器，因为这个位置可以给进攻者一个自信的心理暗示，在一定程度上可以打击对方的自信心。

值得注意的是，来自不同民族和文化的人有不同的手势。因此，虽然手势扮演着如此重要的角色，但我们应该注意不要过多使用它。

5. 腿部姿势

在街上、舞会、接待厅、家里、聚会等场合，人们经常做出各种各样的腿部动作，如“搭腿”“晃腿”“抖腿”“交叉腿”。在这些特定的环境中，它们传递着某种信息。因此，腿部动作在表达情绪中也起着重要的作用。

当你坐着等别人很久时，你的腿会不由自主地颤抖，表示焦虑和紧张；当你心烦意乱或想表现出拒绝的时候，经常交叉双腿；当有人问你一个你不感兴趣的话题或建议时，你常常会频繁地换腿以表示不耐烦。值得注意的是，男女之间在腿部动作方面存在差异。以下是两种常见的腿部姿势表达。

（1）跷二郎腿

传统上，人们认为把一条腿交叉放在另一条腿是放松的标志。然而，有实验证明这并不是一种轻松的表达，而是表达紧张和防御性态度的一种人体符号。例如，经验丰富的空姐经常能从乘客的腿部动作上看到他对于坐上飞机的恐惧，从而更轻易地找到一种方法帮助他放松，提供他所需要的服务。

（2）交叉踝部

当一个男人做这个姿势时，他的腿经常踝部交叉但大腿处张开，而女人则倾向于双腿并拢。实际上，这是一种压抑内心情绪的姿势。当人们压抑自己强烈的情绪，或者控制自己的神经和恐惧时，他们往往会做出这种姿势。例如，当一个人坐在牙医的椅子上时，由于紧张，他会情不自禁地交叉踝部，紧紧地握住椅子的扶手。

由于风俗文化的不同，还有一些腿部动作传递的信息也大不相同。比如，在中国，跺脚表示愤怒，而在一些西方国家，跺脚表示欢迎演员，跺得越响，就表示演员越受欢迎；在中国和西方国家，跷二郎腿是一种普遍的姿态，但在泰国却成了傲慢和不合理的行为。

综上所述，了解腿部动作传达的信息也是了解人们情绪的有效途径之一。

6. 体触行为

接触是一种通过身体的间接接触来进行交流或交换信息的社交手段。有人称之为“触觉交流”或“触觉交际”。身体接触行为有多种表现形式，既可以表达丰富的情感，又具有鲜明的民族特色。因此，在跨文化交际中，要认真对待他国的接触行为，理解其代表的文化意义，避免误解。

作为海洋文明的代表，西方国家由于其民族的不同生活方式，形成了一种分散的文化模式，即强调个人的独立性。受这种离散文化的影响，他们的接触行为很少，更不用说频繁使用了。中国强调家族关系、邻里关系，热衷于群体生活，形成了一种融合的文化模式。因此，中国人的触摸行为较多，而且使用频率也较高。

在人际交往中，人们经常使用肢体接触行为，包括握手、拥抱和亲吻。因此，在跨文化交际中，我们必须了解英汉语言在这些方面的差异，以便更好地理解和交流。在西方国家，触摸行为很少发生。同时，由于追求个人自由，他们更注重自我空间，反对他人没有理由的触摸。例如，在拥挤的人群中行走或乘坐拥挤的公共汽车，他们对人与人之间的身体接触更反感。因此，他们会尽量避开拥挤的人群。而在中国，当他们在公共场合见面时，通常也不拥抱，而是握手。但他们握手时，他们的身体会互相靠近，以示尊重。有时，为了在见面时表现出他们心情的激动，握手力度会增加，这与西方国家大不相同。但是随着社会的发展，中国的年轻人也会在公共场合拥抱或亲吻，表达他们的亲切和爱意。对于拥挤的地方，在中国人看来，很多人挤在狭小的空间里是很正常的事情，因为这种挤在一起的现象很常见，所以他们通常不会采取回避的态度。有时他们认为人越多，就越活泼有趣，于是就争先恐后地加入人群。

这就是两个不同文化圈带来的触觉交流的差异。因此，在跨文化交际中，要充分把握身体行为的差异，避免文化差异造成的交际障碍。

（二）体态语语用失误

体态语也就是常说的肢体语言，可在交际中有时会伴随语言行为同时出现。法斯特认为，体态语是用以同外界交流情感的全身或部分身体的反射性或非反射性动作。例如，朋友见面打招呼时，不同国家的人就会用上不同的肢体语言。在《国际汉语教学案例与分析》一书中，分析了一则发生在中国的跨文化非语言语用失误案例：在成人短期国际班里，一名中非男生用本国打招呼的友好方式，即用肩膀去撞击一名来自东南亚女生的肩膀，结果女生误以为是骚扰她，惊恐万分地跑进办公室告状。在一个来自不同国家地区的留学生班级里，中非的男生如果能够了解对方的本族语文化，知道东南亚的女性在交流时不要有肢体接触，换作点头或者挥手致意来问好，相信也不会产生矛盾和尴尬了。

在不同文化中，同样的肢体语言可能代表不同的含义，而同样的含义也可能用不同的肢体语言来表达。因此在跨文化交际中尤其要引起注意。

二、副语言

（一）副语言分析

在研究文化和交际的过程中，他收集整理了大量的语言和心理研究资料，并对其进行了全面的总结，提出了一些可以应用于不同语言情境的语音修饰元素。在他看来，这些语音修饰成分是自成一体的，并伴随着正常的交际语言，因此被称为副语言。其关键要素如下：一是音型，是指说话人声音的生理特征，使我们能够识别出声音的音调、健康状况、年龄、性别等；二是音质，是指说话人声音的背景特征，即音域、节奏以及说话者的声音程度、音速等；三是发声，包括伴随音，以及哭笑、叹气、打哈欠、吞咽、吸气或呼气声、呜咽、咳嗽、打喷嚏、打鼾、号叫等声音。这三个要素是副语言的原始内涵。

1. 语调

语调是表达意义的一种重要手段，主要用来表达说话人对自己所说的话和所表达的隐含意义的态度。语调与意义密切相关，语调的正确与否直接影响着交际的效果。在我们的日常生活中，我们经常使用两种声调：升调和降调。一般来说，低沉的语调表现出肯定、坚决、果断、直率，但有时会体现出严厉、唐突；升高的语调表现出犹豫、怀疑、不确定、含蓄、探索，给人的感觉是礼貌、友好的。

除了外表，声音往往给人留下深刻的第一印象。有些人的声音是柔和的，有些人则是沉重而庄严的。人们通常根据声音给人的印象来认识人。从交流的声音中，我们可以听出一个人是否足够自信，这在言语、谈话、教学等活动中表现得最明显。比如《红楼梦》中，黛玉走进贾府，最精彩之处是描写了王熙凤的第一次出现。未见其人先闻其声，而且是毫无掩饰的笑声，从中我们可以看出王熙凤的泼辣和鲜明的性格。因为声音确实显示了一个人的性格和性情，所以它有时是预测一个人未来的线索。当无法通过面部表情、动作、语言等掌握心境时，往往可以通过语调来估计说话人的情绪变化。由于中西方文化的差异，中国人说话的声调往往较低，而英语国家的人说话的声调往往较高。其实在语言中，还有所谓的语调韵律。

在跨文化交际中，我们需要学习其他国家的语言或选择国际通用语言英语，但在使用其他国家的语言时也需要注意语言本身的特点和表达方式。跨文化交际中语速和语调差异的主要原因在于不同国家语言的差异和不同的表达习惯，因此我们可以在轮换过程中通过调节语速来缓解交际压力。

2. 音高和语速

音高是指声音的高度，由声带振动的频率决定。有意识地运用音高和速度可以产生特定的情感色彩。为了达到特定的效果，说话人可以有意识地选择一定的音高和速度。

语速是指说话的速度，测量单位是音节 / 秒。在日常交际中，当语速比平时慢的时候，他们则是在表现自己对对方的不满或敌意；当说话的速度比平时快时，就意味着有缺点或错误，心里感到不安、紧张，而且说话的内容甚至是虚假的。从心理学的角度来看，这种情况是因为当一个人心有不安或恐惧时，会导致说话的速度更快。这是由于想试着通过快速说出不必要和多余的事情，来消除或隐藏在心中不为人知的恐惧。

以汉语语速为例，语速很快的人大多性格外向，年轻且精力充沛，这使得他们给人以很阳光活泼的感受；而说话慢的人会给人以诚实、真诚、体贴的感觉，但语速太慢也会让人觉得优柔寡断，甚至悲观。这个标准只能在中国人之间使用，而不能用于其他国家，如日本。由于受日语发音的影响，即使说汉语或英语，日本人也经常使用减音法，这使得他们说话时往往语速过快，语调严肃生硬，从而不能用来确定谈话中对方的人格特征。

3. 停顿

停顿可以有效地控制谈话的节奏和速度。它可以使会话有序进行，也有助于听者更好地接受话语传递的信息，并通过停顿及时做出反应。这将有助于语气或情绪的顺利转弯。

第一，良好的会话控制能力可以反映一个人的情商水平和与他人沟通的能力。停顿发生在语音流中，以促进人们的呼吸，这一停顿被称为生理停顿。

第二，有时停顿是为了清楚地表达语言的结构层次，使听者能够理解意义，避免歧义。这叫作语法停顿。

第三，有时停顿是为了吸引听者的注意力，加强停顿后所用词的表意效果。比如，各种比赛宣布结果或颁奖时，往往会停顿下来，以烘托紧张的气氛。停顿对语速也有很强的控制力。如果谈话中有许多停顿，整个谈话的速度就不会很快。

停顿也可以表示会话角色的改变。当思维被打断时，停顿的方式比使用无意义的声音词更平静，更自信，更注意听者的反应。

第四，在大声说话或朗读时，语法停顿是最常用和最基本的。它是一种通过恰当的运用，使思想内容表达清晰的表意系统。它是一种强调停顿时随着言语情境而产生的表达系统，目的是充分表达说话者的思想、情感、立场和态度。语法停顿应服从强调停顿，但表达之间是互补的，因此语法停顿和强调停顿应有机地结合使用。如果说或读的停顿不恰当，说话者的思想和感情就不能准确地表达出来。

因此，在跨文化交际中，停顿作为非言语交际是辅助交际的一种很好的手段之一。

4. 沉默

沉默指的是在交际过程中交际双方不明确地做出有声的表态，而是做出无声的反应或停顿，它也是传播信息的一种非语言行为方式。跨文化交际中的沉默更是与众不同。

第一，西方人对沉默往往感到非常不自在，因为当他们发出信息却只为了得到沉默时，他们会有一种不被尊重的感觉，甚至认为东方人的沉默是缺乏自信或害怕沟通的表现。对于在华工作的英美教师来说，经常困扰他们的一个问题是，他们在课堂上提问时，无法得到中国学生的积极回应。学生们只是静静地听，不喜欢提问或回答。

第二，中国人非常重视沉默的作用，认为沉默和停顿有着丰富的含义。它不仅可以表达无言的赞美，也可以是无声的抗议；它可以是对快乐的默许，也可以是对我们所看到的一切的保留；它可以是共识的表达，也可以是表示决心的标志。适当的停顿可以产生惊人的效果，具有“此时无声胜有声”的艺术魅力，因此有人称之为“无声语言”，认为它是超越语言力量的一种高潮转化方式。

在交际过程中，沉默和言语一样重要。沉默可以衬托语言的内容，也是传递信息和情感的一种手段。即使在相同的文化背景下，沉默的社会意义在不同的情境下也是不同的。它可以表达犹豫、缺乏自信等，可以默默祈祷、默默思考、默默积蓄力量，也可以用沉默来表达拒绝或愤怒。

5. 音长

音素在单词或短语中的发音长度称为音长。声音长度的变化是由其本身的性质决定的。然而，在日常交际中，根据所用词的原意、语境和使用情况，一个词中的一个扩展词或一个音节的声音可以用来表达一种特殊的意义。例如，如果你大声和简短地说出去（get out），那就表明此刻你的内心是愤怒的。要是说得又低又慢又长，那就特别富有威胁性。又如：说话时发出“嗯……”这个字的音长一方面可能意味着说话人傲慢自大，另一方面可能代表着自己对对方的话有所保留。如果你直接地说“不（No）！”这可能让别人觉得说话者是处于很严厉的或愤怒的心理状态下。有时，这些词是故意延长的，字面意思是可以改变的。例如：You are so early（你来得真早，），将 early 重读和延长之后，它的意思会就会呈现相反的效果。如在老师对迟到的学生这样说的情境下，那将是一种责备。

6. 特征音

特征音又称为“功能性发声”，如笑、哭、呻吟、叹息等。虽然这些人在各种情绪下发出来的声音都可以用拟声词来代替，但是它们总是与文本不相匹配，即没有语言那样有自身固有的表现意义。这些人在特定环境下发出的声响不仅是对内心情绪的描述，也是一种有声交际的信息传递方式。我们将从笑声和哭声对非语言交际进行分析。

（1）笑声

在日常生活中，笑是最普遍的面部表情，而它发出的声响也让人不陌生。在笑声中可以表达出一个人的情绪和心理状态，甚至可以用来传递信息。从听觉的角度来分析，笑声可以很多种表现方式：“哈哈大笑”“嘿嘿地笑”“闷声笑”“嘻嘻嘻地笑”“微微一笑”等。从人心理状态去分析，笑声的不同也将反映出不同的情感变化。

中国人通常笑得含蓄，很少在公众场合开怀大笑，他们认为在陌生人面前大笑是对人不礼貌和尴尬的行为；而美国人在大众环境下只要开心就会笑得大声，让别人可以充分感受自己的喜悦情绪。

从笑声中，人们不仅可以看到一个人的情绪变化和为人性格，而且可以用笑声来达到自己的某一想法和目标，从而在交流中帮助自己让人记忆深刻。从人际交往关系来看，由于笑是最好的非语言交际手段，极具感染力，因此它在交流过程中可以带动聊天气氛、缓和陌生人之间的紧张气氛。

然而，在跨文化交际中，发出笑声要注意当时的情景和氛围。在积极的场景中，笑声可能是用来调节气氛，感染他人的。笑声也可以表达消极的意义：在不同文化背景的人眼中，某些笑声可能在某个特定的场景下被误解，即常常被理解为是对自己的嘲笑、看轻或者讽刺。

（2）哭声

与笑声相对的哭声，也是表达情绪和心理状态的一种方式或手段。不同的哭泣意味着不同的情感和意义。有时，某些人在悲伤、紧张或者情绪激动的情况下，比如看了一部悲伤的电影，在看到分手、亲人离世等情景下，人们为了内心情感的表达和释放，会选择哭泣，有“号啕大哭”“静默无声地哭”“抽泣”“嘤嘤地哭”等；但是，有时某些哭泣为了吸引别人的目光、同情或其他原因，这时候人们可能只是“干号”。

对于中西方哭声的差异，中国人一直强调男人不能轻易哭泣，特别是大声哭泣，除非在特殊情况下，这是源于中国男人普遍存在的大男子主义文化观念。然而在美国，人们注重情绪宣泄和表达，对哭泣没有太多限制。

因此,通过“哭”这种非语言的方式我们可以观察别人的情绪波动和心理状态。

7. 话语轮转

在讲话或与人交谈时，西方国家的人最忌讳交际双方沉默不语，这是因为在任何时候都应该对对方所说的话有所反应以表达自己的尊重。因此，话语轮转就显得尤为重要。而话语轮转是指在语言交际时一些常用的辅助方式，以便帮助交际的成功。

邓肯根据一系列的研究将对话中的话轮转接分为三类：第一，话轮放弃提示。它是指讲话人发表完自己的意见后示意对方可以开始发言的讯号，主要包括沉默、拖腔、语调变换、音量变化等信号形式。第二，话轮回归提示。它是指交际时对方没有想发表言论的想法而选择放弃说话，并示意说话人继续发表观点的信号。第三，话轮维持提示。它是指听话人为有礼貌地结束听话人的发言而采取的一些有效方式和手段，如在交流过程中突然提升语速不给对方说话的机会或者突然提高音量让对方感觉自己情绪的变化。在邓肯的基础上，威曼和纳普又加上第四类一话轮请求提示，它是指听话者不等说话者讲完就采取一定的方式发表自己的言论，如往往突然加入缓冲词的方式“Oh”“well”等。

（二）副语言语用失误

副语言是通过感官（视觉、听觉、嗅觉、味觉、触觉等）的感知作为信息载体的符号。在交际中，副语言以感官来传达的方式是多样的，比如人的喜、怒、哀、乐，也包括潜意识的话轮转接。例如，一篇文章中讲述了一位西方人在日本当一名英语教师，居住了一段时间后观察得出日本人和西方人的谈话方式截然不同。日本式的谈话，谈话者在进行话轮转接时，要讲究先后顺序、地位尊卑以及与前一位发言者的亲疏远近程度。所以，和日本人交谈时要按照这样的谈话习惯，耐心地等待轮到自己，然后轮到自己表明观点后，再等待别人发起谈话。相比之下，西方式的谈话不会按照顺序、社会地位或者亲疏关系来进行，而是以一种自由随意的方式来交谈，不用等待别人说完，就可以接着发表自己的观点。所以，这位来自西方的英语老师，从最初在加入日本人的谈话中，从来不会在意该轮到谁发言了，而是直接地插入自己的想法，令在场的日本人瞠目结舌，到后来意识到日本人之间的谈话方式，才避免了交际矛盾。

三、环境语

（一）环境语分析

由于环境包含自然环境和人文环境，从非言语交际的角度来看，环境语所指的环境是文化本身所造成的生理和心理环境，而不仅仅是简单地指人们所处的自然地理环境。所以我们要研究的是人们为自己创造的环境对文化交流的影响，而不是自然环境的作用。

环境语言包括时间、空间、色彩、信号等，这些环境因素可以提供交际信息，这也就表明环境语言与文化特征也具有一定的联系。因此，环境语的使用在非言语交际中也占据了一定的重要地位。

1. 颜色词

由于自然万物的色彩，我们从中发现了七种基本的颜色词，即红、橙、黄、绿、青、蓝、紫。

随着社会生活的丰富，颜色词不再单单表现事物的色彩，人们也将它作为表达情绪和内心情感的表现词汇之一，即赋予了不同色彩的象征意义。一般来说，人们根据主观感受对它们进行分类。由于红、橙、黄能刺激人的精神，使人感到快乐，促进新陈代谢，因此是暖色；而蓝、绿缓解情绪冲动，平复情绪，控制暴露，并将其用于心理治疗，因此是冷色。心理学专家认为，色彩是世界上最便宜的心理医生，因为它能在一定情况下给予病人刺激，从而达到治疗的作用，所以其作用不容忽视。因此，在日常生活中我们可以从一个人日常服装的颜色搭配，或称为穿搭主色调，就可以看出他或她的心理或者情绪状态。

颜色在不同的国家有不同的文化含义。例如，中国人喜欢红色。中国红甚至包含中国文化的许多元素，是令人印象深刻的色彩，随着文化的深入发展逐渐成为中国的象征之一。如婚礼方面，在日本，白色是婚礼的背景，代表纯洁无比的爱情；而在中国，红色则是婚礼的主要颜色，烘托出喜庆的氛围，白色则是葬礼的布局颜色，庄严而又肃穆。此外，在不同国家国旗上的不同颜色，也象征着整个国家的民族特色或具有特殊意义。

因此，色彩也是传递信息的非语言交际方式之一。

2. 时间语言

时间语言是用非语言传递信息的日常手段之一。根据霍尔的理论，时间在文化中的作用可以分为三类：一是正式时间。具体来说，在一定文化中人们看待时间的习惯，即可称为正式时间。雷尔理论中的正式时间具有顺序性、周期性、价值性、现实性、综合性、连续性和深度性。二是非正式时间。非正式时间也可称为形式时间，它是不科学的，是历史积淀形成的，在跨文化交际中直接影响着人们的感知能力。三是技术时间。技术时间是指运用科学的方法精确测量时间的时、分、秒等，因为时间是“无感情的”和“合乎逻辑的”，所以实际上它与人际交往和文化交流的过程联系微乎其微。

不同文化中的正式时间的使用往往可以体现出人们的宗教信仰和哲学观点。在一些农业国家，如中国的农历时间，人们把时间的变化看作与月亮的阴晴圆缺有关，或者有些国家将时间与农作物播种、生长、收获季节等自然现象相关联。在西方国家，由于强调个人成就和竞争，因此他们认为时间是极其宝贵的。

霍尔在时间作用的基础分类上，还将非正式时间分为两类：一是单一时间。所谓单一时间，是指在一定的时间阶段做一定的事情。它强调效率性、周期性和准时性的时间概念，其主要有周期性、具体性和计划性等特点。为了充分利用时间，人们可以精心安排时间计划表，如一天、一周、一个月的工作日程，并确定了优先事项，从而充分利用时间提高效率。许多西方国家，如一些北欧国家，都属于单一时间文化模式，反映了西方人对时间价值、准时性和效率的重视。二是时间的多样性。多样性时间的概念强调的是人们参与和交流活动的完成，而不是坚持一定的约定时间表。亚洲、中东、拉丁美洲的一些国家属于多元时间文化模式。

我们以文化和社会为切入点，发现不同的社会和文化对时间流逝概念有三种心理感官：一是过去的时间观。在过去的文化中，人们往往更注重传统，尊重父母。自古以来，中国人就尊崇祖先，保持传统，尊老爱幼，崇尚孝道。二是现在的时间观。在现实社会中，人们既不关注未来，也不关注过去，而是关注现在发生的事情。他们认为为今天而活是最重要的，比如拉丁美洲、菲律宾等国家。三是未来的时间观。许多西方国家，如美国在内的国家对时间都具有前胞性。因为他们关注明天，也更愿意透支未来。

从上述分析我们可以得出，不同的社会在不同文化背景的影响下对时间有不同的理解，而不同的理解又会对社会行为和价值观的形成造成差异，从而阻碍沟通的顺利进行。因此，在跨文化交际中，明确相关民族的“时间”概念，对于提高跨文化交际效果十分重要。

3. 空间距离

在人们的实际交际中,空间距离是交际时必然会存在影响的非语言交际手段,因此值得我们重视。每个人在心里都会有一定的安全空间，即与他人交流时需要一定的距离以保障自己的安全感，也称个人空间。个人空间是指一个人周围与他一起活动的区域，即人与人之间一定的物理距离。如果距离太近，我们会感到被侵犯和不安全；然而，如果我们在交流中离对方太远，也会让对方感到疏远和防卫，从而影响交流的效果。所以在文化交际中要掌握一定的空间距离，让交际双方都感到舒服。

在日常生活中人们需要私人空间。如在公共场合的长椅上，如果一个人已经坐在椅子的一端，那么通常情况下，陌生人会选择坐在长椅的另一端，隔出陌生人之间的安全距离。如果还有第三个陌生人想坐，他通常也会在两者中留出一些距离而选择中间。以此类推，后面的陌生人都会在留出一定距离的情况下坐下，绝对不会出现因没有足够的空间，选择触碰他人而坐的情况。从这个例子我们可以分析得出，人在任何地方，都会有一种空间距离感；太近会觉得隐私被侵犯、没有安全感或者紧张，太远会觉得被拒绝、不被重视或者尴尬。因此，确保和谐的沟通，双方应该保持适当的距离。

因为人际关系也可以看作人们的心理距离，空间距离还可以体现出人际关系的亲疏，因此不同人之间的感情和亲密程度实际上也会在与他们沟通距离的远近上有所体现。例如，在父母、孩子和恋人等之间，人们可以进入与陌生人相比距离更亲密的安全区域，在这个距离里他们可以近距离观察对方的表情或者零距离进行身体接触，甚至可以感受到彼此的呼吸，但是，如果是陌生人突然闯入这个安全区域，就会使人会感到不舒服甚至感觉自己被冒犯。

空间距离对情感交流也有影响。例如，情侣们喜欢去公园、海边等地约会拉近距离，增进感情。又如，公司可以组织一些活动，增进同事关系，促进团结，并且在旅行中建立的友谊也将非常深厚。

（二）环境语语用失误

环境语指的是人们受环境影响所产生的生理或心理反应。本部分将从以下几方面进行阐述。

1. 空间信息

不同的文化，身体的安全距离也不同。尤其在公共场合，中西方存在着很大的差异。比如在乘坐地铁非常拥挤时，一排有坐三个人的座位，在中国可能会有四个人紧挨着坐，以便最大化地利用空间，不会太在意体距。但在西方却完全不同，在体距上比中国人喜欢更宽松的间隔，人们是绝对不会紧挨着坐一起，他们甚至愿意站着，也不愿意去紧挨着坐一起。

2. 时间信息

不同文化的人，时间观念也有差异。比如，在非洲，约客户会面时，如果时间定在早上 9 点，中方通常会准时或者提前到达约定地点，但非洲一方按照他们的时间观念，通常会迟到一些时间反而显得更好。但中方会认为对方迟到或拖沓、不积极甚至觉得是该事情不重要的表现，会对此感到不悦。可是在知道这是非洲人的习俗时，我们可以想办法来避免这样的冲突，比如，见面的时间是早上 9 点，可以把时间提前一些告诉非洲合作者，以免对方迟到。

四、客体语

（一）客体语分析

客体语是指除人体自身结构之外有关的事物，包括衣着、饰物、妆容、气味和笔迹等。这些事物在人际交往中也具有传递信息的功能。俗话说，字如其人等。从交际的角度看，这些事物不仅能够传递非言语信息，而且能够展现一个人的文化特征和个人特征，是非言语交际的重要媒介。

1. 相貌

无论是在什么文化背景下的人都会非常注重自己的外貌穿着。但是世界各国文化中既有共同的审美标准，又具有独有的审美特征。例如，在任何一个国家或文化中，人们普遍认为五官端正、四肢匀称的人令人心情愉悦。

但地域的分布也使得在某些方面具有一些差异。例如，汤加认为肥胖是美丽的标准；在缅甸少数民族中则认为妇女的脖子越长就越美丽；在美国，人们欣赏身材高挑且苗条挺拔的女性；在一些欧洲国家，人们则认为身体柔弱、意志不坚定的女生不受人欣赏，反而身体越强壮越符合理想的标准；在日本则恰恰相反，娇小的女人更具有魅力。

2. 服饰

一个人的穿衣风格也可以将许多信息在不经意间传递给对方。不同的人会有自己的审美标准，有不同喜好程度的衣服类别。一个人的色彩搭配、风格选择、品质品位不仅可以表现他的内在情绪和审美，而且还可以体现他的修养内涵和职业岗位，甚至可以展示出他的智慧。同时，从一个人的衣着习惯，可以展示他信奉的人生哲学和准备传达出的人生价值观。

有学者曾做过一项严肃的关于服装会对人们成功产生影响的研究，得到的研究结果令人大吃一惊：人的衣着确实会对事业的成功与否产生一定影响。基于这个结果，约翰·莫利编写了《迈向成功的衣着》一书，这本书一经发售就成为当时美国最畅销的书之一。根据书中的总结结果表明，成功与一个人的着装是否适合职业身份有很大关系。

随着当今社会的进步和发展，人们对一个人衣着的判断越来越困难。因为人们提倡张扬个性，不拘泥于某一种形式，所以不能按照传统的形式去观察和判断。然而，正是因为个性的张扬和形式的自由，人们才能充分展示自己的心理状态和审美观，从而更准确地把握自己的个性特征。例如：衣着华丽的人充满自信，衣着整洁的人活泼开朗，但是过分追求衣着的人容易形成一些不健康、叛逆的性格，导致在社交中出现违反道德的行为。虽然不注意衣着的人可能比较内向，但是穿着朴素实用的人却可能拥有朴实、大方、善良、宽容等健康的道德品质。比如，有些年轻人喜欢穿颜色鲜亮、偏暖色调的衣服，这就展现出了年轻人的朝气蓬勃和对生活有积极乐观向上的态度；喜欢宽松自然穿着的人群，他们一般不注重衣着的裁剪合身和款式的搭配，属于内省型的一类人。这一人群往往随和，内心追求平淡，不足之处是他们总是以自我为中心，无法融入他人的生活圈子。

不同文化背景下的民族，由于生活习惯、习俗和宗教信仰的不同，使得在服饰的设计和搭配上各具特色。在跨文化交际中，注意尊重各民族服饰的差异也是尊重不同的文化习俗的方式之一。

例如，在西方国家，美国表现出极重的文化色彩。因为美国人热情豪爽，人们大多数向往无拘无束的生活，所以在服装设计和选择上以休闲舒适为主，包括简单的T恤和牛仔裤；众所周知，法国巴黎是浪漫之都，这也就足以衬托出法国人的风格必定是以浪漫为基调的，所以在服装设计上他们花费大量钱财来满足国人们对浪漫的向往，在法国服装中迷人飘逸的长裙和昂贵的丝织品都能让人清楚地看出法国人对生活的态度；在英国，人们普遍追求花裙、带蕾丝边的服装，高贵优雅，因此服装风格设计主要包括田园或格子的学院风；值得注意的是意大利人，他们对服装品质要求极高，所以无论是服装的款式还是面料，或者是做工还是剪裁，都极为奢华和设计感十足，这也是其手工西装口碑极好的原因；而中国由于具有上下五千年的悠久历史，跟随时代的变化服装也随之改变，在古代，服装不止在款式上不同，在面料和设计上的不同更是可以凸显穿着者的身份地位。

因此，了解一个国家的服装也是了解其文化特征的一部分，只有这样才能更好地了解人们的相处方式和生活习俗，有利于沟通的顺利进行。

3. 装饰

（1）配饰

配饰指的是一些装饰品，虽然它本身没有任何意义和内涵，但是人们根据衣着、妆容或场合所佩戴的装饰品，同样也具有象征意义甚至可以传递信息，是一种象征和媒介。例如，一枚戒指在手指上的不同位置有不同含义，如果戴在食指上，它的意思是未婚；如果戴在中指上，它的意思是“恋爱”；如果戴在无名指上，它的意思是“已婚”，如果戴在小指上，它的意思是“单身”。因为这种约定俗成的信息编码，在日常生活中被人熟知，所以不可能被误读。

（2）装扮

在现代生活中，女生适当的化妆成为一种普遍现象，得体的妆容也是交际中对人基本的尊重和礼貌的表现。我们可以通过对别人妆容的解读，适当地了解这个人处于一个怎样的情境中或者即将参加什么样的场合。

想象力丰富，追求艺术性的人，大多喜欢艳丽丰富的色彩，因此她们的浓妆像艺术家的作品一样令人惊叹。正是这种妆容使我们可以猜测出他们是向往自由和追求自由生活的人。

在跨文化交际中，黑人、白人和黄种人对化妆有不同的要求，自然对美有不同的定义。装扮可以美化人在交际中的形象，给交际双方的交流中带来视觉的美感，愉悦心情。

4. 气味

研究在交际中人类嗅觉的作用，可以得出气味的接收也是非语言交际的重要手段之一。在语言交际过程中，由于受距离的影响，双方可以轻易闻到对方传来的气味，而影响人体气味的因素主要分为内因和外因。内因是指人体本身的气味，即个人的卫生程度，外因则主要是来自生活中的食物、水、情绪、香水以及配饰。

不同国家的人由于生活习惯的差异，对人体的气味也会有不同的感觉。实际上由于人都独立思考，因此对事物的感受也会不尽相同。在跨文化交际中，人们对于自己本民族文化人的气味往往十分习惯，但对来自其他文化、区域或文化背景的外乡人的气味却十分敏感。

因此，在跨文化交际中值得注意：无论哪个国家的人都要养成良好的健康习惯，严谨地对待自己身上因为一些特殊原因产生的味道。只有这样才能减少气味对交际的不良影响。

5. 笔迹

中国有句俗话说，字如其人。这就表明笔迹也与人的性格或品质有关。在中国的历史上，人们常常把书法与人的品质联系在一起。例如，李世民在《指意》中曾提出："夫字以神为精魄，神若不和，则字无态度也；以心为筋骨，心若不坚，则字无劲健也。"

（二）客体语语用失误

人们通常穿的衣物，使用的物品、肤色的修饰、长相等可以用来向别人传达信息，显示个人的爱好、宗教信仰、民族等，这样的非语言交际被称为客体语。在幅员辽阔的中国，不同的少数民族服装告诉我们他们来自哪些不同的民族。来自五大洲的人们，通过不同的肤色和体貌特征告诉了我们他们来自哪里。从生活中，通过穿着不同制服，我们便能知晓他们的职业是什么，比如警察、医生、消防人员、厨师等。不同的场合，服装也会告诉我们在发生着什么，比如，举行婚礼时，新娘新郎总会穿着漂亮得体的婚礼服；海边游泳时，总是会穿上泳装等。

在电影《闻香识女人》中失明的中校有着异常敏感的听觉和嗅觉，能够从对方的香水味道识别对方的身高、发色乃至眼睛的颜色。除此以外，如果在吃完一些有刺激性的食物，像洋葱、大蒜等，在与人交谈时，散发出这些令人反感的刺激性味道是对人非常不礼貌的表现，而且会影响彼此融洽相处的氛围。

第三节　非语言交际与语言交际的联系和区别

一、非语言交际与语言交际的联系

（一）暗示功能

在交际中，非语言交际行为可以作为一种辅助手段，表达不易表达但又想表达的情感或信息内容，甚至表现出不同言行的结果。在语言交际中，双方的情绪反应和态度变化往往是通过非语言交际来完成的，如降低语调和语音，以表示对方想结束谈话；盯着对方的眼睛，以表示对对方话题感兴趣。

（二）抵触功能

与情感表达中的语言交际相比，非语言行为所传达的情感和心理状态更适合人的内心。比如，中国最重要的考试——高考，通常学生在经历如此与生活息息相关的大考时，会感到紧张和不知所措，比如脸红、紧握双手或额头冒冷汗。但他们通常会掩盖事实，告诉父母："我没事，我不紧张。"这时，我们可以真正意识到，他在用语言否定自己的情感，试图掩盖自己紧张的事实，而非语言行为则是在无意识的情况下，真实准确地为我们反映这种心理情感。

因此，这一现象表明，在某些情况下，我们的非语言行为所传递的信号实际上与我们语言信息所包含的意义相反，这导致了现代社会大多数人对非语言信息的依赖。比如，你可以口头告诉你的朋友，你现在很放松、很舒服，但同时你的声音和手在颤抖，这就传达了你此刻的恐惧和焦虑。当你告诉你的伴侣你非常想念他，但你突然不说话或停止眼神交流，它传达了一个相互矛盾的信息，从而影响了双方的感情。

（三）替代功能

在人类语言出现之前，非语言交际是人们传递生产和生活信息的唯一途径，完全取代了语言交际的方式。人类语言出现后，非语言交际与语言交际的结合构成了人类交际的一种手段。但在一些特殊情况下，语言无法交流，非语言仍然可以代替语言来传递信息，如交警指挥交通时的手势、球赛裁判的手势、战争中的信号灯等。这些非语言无声地传达着人们想要表达的意义，扮演着语言无法实现的角色。

（四）表露和掩饰功能

各种不能用书面形式或语言表达的情感，都可以用各种形式的非语言交际来表达。非语言行为不仅具有普遍性和无意识性，而且在一定程度上具有人类情感表达的特殊性。一般来说，使用非语言交流与人类的心理活动是一致的，如悲伤时哭泣，恐惧时脸色苍白，紧张时携手等。

二、非语言交际与语言交际的区别

（一）真实性

在日常语言交际中，由于语言是有意识的主观行为，人们在语言交际中可能会有目的地欺骗；但非语言行为作为无意识的交际手段，其变化往往却是客观的、自然的，因此其反映比语言交际的信息传达更真实可靠，即具有真实性的特点。

非语言符号是天生的，不需要后天习得的有意识的学习行为。例如，婴儿在感觉到饥饿的时候会号啕大哭；人类受伤会不自然地因为感觉器官的疼痛而流下泪水甚至脸上留下狰狞的表情；有时生气时会大喊大叫。这些面部表情和情绪发泄是与生俱来的，是由于生理和心理的原因，因此不受文化的制约。当人们高兴、痛苦、愤怒和悲伤时，各种情绪都会通过面部肌肉的变化程度表露出来：开心的时候微笑，生气的时候皱眉或嘴唇紧闭，害羞的时候脸红，失落悲伤的时候嘴角下垂等。

因为非语言行为具有真实性的特点，所以当语言表达的信息与非语言行为传达的信息不一致时，人们更愿意相信非语言行为所传递的情感内容和情绪。例如，从历史遗留的信息来看，在语言文字还未曾发明的原始时代，人类的日常交流活动利用手势动作或绘画简易的图形，这就是非语言符号的最开端，同时表明非语言交际行为实际上是比语言交际更古老的交际方法，更具有真实性。

（二）丰富性

非语言交际即使在不同文化背景下进行，它也同样包含相通性和独特性等特征，即非语言交际具有丰富性的特点。相通性是指非语言交际是在人类共同的生理机制基础上建立的，独特性是指在特定的环境中由于人们了解新文化和接触新非语言行为从而学习获得的行为。

由于世界不同地区、不同民族的文化差异，许多非语言行为具有不同甚至相反的含义。根据研究分析，人们对认知参照点的不同选择，实际上是因为不同的民族文化心理和道德规范而造成的思维方式差异，从而导致了非语言符号的民族文化差异，但这也丰富了非语言行为的含义。因此，这种丰富性要求我们在不同的文化中准确地理解非语言行为的正确含义。

（三）连续性

语言交际是具有局限性的，人只能通过直接用话语或以书面形式进行表现，同时利用视觉和听觉等感觉器官接收对方传达的信息，以达到交际的目的。虽然这种方式传达的信息能较为准确地接受，但是信息的内容却具有虚假性。而在非言语交际中，人们可以有效地利用视觉、听觉、嗅觉、触觉等感官方式来达成交际，其中非语言行为如身体姿势、面部表情、手势、衣着服饰、气味、时间和空间等。因此，在日常交际中，我们其实更多地是使用非语言交际行为，只是我们没有意识到。

虽然交流中语言总是在传递信息，但它却是不连续的，可能会出现停顿、沉默等辅助手段。但非语言交际却呈现出连续性的特点。例如，在激烈争吵后双方可能进入冷战，即语言交际停止，但语言交际停止时交际双方可能面部保持冷峻愤怒的表情和拥抱手臂的动作继续进行非语言交际。

（四）非结构性

虽然语言交际在日常交际中有着结构性、规范性和标准性，是一种有意识或无意识的交际行为。但是非语言行为却与之不同，绝大多数的非语言交际行为是随着环境和交际者的外在变化而改变的，是一种无意识的交际行为。因此，在不同的情境下即使是同一种非语言行为也会传达出不同的讯息和信号。例如，人们会在不同场景下哭，在老朋友相聚时喜悦地哭，在分离时悲伤地哭，恐惧时害怕地哭。我们需要具体情况具体分析，这样才能准确理解非语言交际。

自古以来，人类就有非言语交际，因此非语言符号具有普遍性等特点。这一特点使得在交际过程中经常使用非语言符号，从而使其成为社会交际中常用的交际方式之一。一些长期积累和维护社会习惯形成的非语言符号，以及一些为方便现代社会进行国际交流而经常使用且广泛地具有普遍意义的非语言符号，已经变成了日常交流手段。同时，非语言符号中所传达的信息不仅被不同文化和民族的人们理解，而且国际上也越来越认可这一交际手段。例如，一些在国际上通用的符号：红灯停绿灯行，红十字医院表示救援组织，十字架是基督教的标志，骷髅代表死亡和危险，在球赛中裁判通常使用的手语，其他包括一些音乐语言、数学符号和化学元素符号，都是超越不同文化和种族的国际交流符号。正是由于非语言符号普遍性的特征，有些活动不需要翻译就可以达到同样的效果。

第五章　文化全球化与跨文化交际研究方法的更新

第一节　文化全球化对跨文化交际研究方法提出的问题

一、文化全球化促使跨文化交际研究方法的更新

任何学科的创立、发展和完善都与研究方法密切相关。科学的研究方法是科学发展的工具和武器，它为科研活动提供行之有效的指导。许多理论上的创新往往是以研究方法的革新为契机的。如果说，古代人们注重的是本体论，近代人们注重的是认识论，那么，现代人们注重的则是方法论。科学研究的方法都是动态发展的，不存在着僵死的和一成不变的研究方法。跨文化交际研究亦如此，必须按照情况的变化而调整研究方法。以不变应万变的研究方法以及削足适履的研究方法，都会严重阻碍跨文化交际的研究。跨文化交际学既是一门新兴的边缘性和综合性学科，又是一门具有浓厚的实用价值色彩的应用性学科。文化全球化使跨文化交际越来越重要。各门学科互补和综合的趋势既显示又丰富了跨文化交际的内容，有力地促进着研究方法的更新。

在文化全球化时代，跨文化交际出现了一系列前所未有的新情况，如文化之间相互适应和渗透趋势的增强、语言变异速度的加快趋势、网络带来的虚拟世界的交际活动等，都是以前从来没有过的。只有研究方法的适时更新，才能保证在跨文化交际中研究中得出的结论的科学性和深刻性，保证跨文化交际学科建设的

完整性和规范性。

文化全球化的概念，本身就是一个动态的概念，既是一个现在词，又是一个进行词和将来词。文化全球化作为一个现在词，它表明了多元文化的相互依赖、相互作用和相互补充，推动全球文化发展的状态。文化全球化作为一个进行词和将来词，它昭示出，文化全球化的过程就是一个各民族文化通过交流、融合、互渗和互补，不断突破本民族文化的地域和模式的局限性而走向世界，不断超越本民族文化的国界并在人类的评判和取舍中获得文化的认同，不断将本民族文化区域的资源转变为人类共享、共有的资源的世界历史发展进程；是一个全球文化封闭状态的不复存在，多元文化的相互依存和发展，民族文化的特殊性与世界文化的普遍性并存共进的过程。与此相伴随，文化全球化还洞开了跨文化交际研究的广阔天地，使跨文化交际的研究范围、研究对象、研究手段等发生了根本的变化，从而使跨文化交际研究方法的调整和更新具有了必要性和可能性。

在跨文化交际研究上存在着两种不同的方法，一种是从理论思维出发，以概念运动作为研究和论证的核心和主干，让历史事实从属和服从于逻辑的推演的研究方法。按照这种研究方法，思维和思维对象的关系就产生了颠倒，会以主观要求来支配客观，让客观事实服务于和服从于主观愿望和理性要求，就会采取静态的和僵死的研究做法，或用理性思维随意地裁剪客观事实，或对发展变化的客观事实采取置若罔闻的做法；另一种是从历史事实出发，让理论思维遵循历史的顺序，使思维的逻辑行程与历史过程相一致，通过把握历史现象的基本线索和内在联系，揭示出历史发展必然性的方法。“历史从哪里开始，思想进程也应当从哪里开始，而思想进程的进一步发展不过是历史过程在抽象的、理论上前后一贯的形式上的反映；这种反映是经过修正的，然而是按照现实的历史过程本身的规律修正的，这时，每一个要素可以在它完全成熟而具有典范形式的发展点上加以考察，逻辑的发展完全不必限于纯抽象的领域。相反，它需要历史的例证，需要不断接触现实。”这就是历史与逻辑相统一的方法。

也是马克思采取的研究方法。按照恩格斯的说法，“这个方法的制定，在我们看来是一个其意义不亚于唯物主义基本观点的成果。”要使当代的跨文化交际研究能够随着文化全球化的发展而发展，始终做到研究的结论具有一定时间的真理性，必须遵循逻辑与历史相统一的方法。

文化全球化时代的跨文化交际研究是一个全新的时间阶段和空间领域，会遇到一系列全新的矛盾和新问题。或者可以说，文化全球化时代的跨文化交际研究是一个全新的时间态、空间场和问题域。

研究者必须按照文化全球化带来的矛盾和问题，以及这些矛盾和问题对跨文化交际研究提出的挑战，采取与时俱进的研究方法进行新的总结和新的概括。只有这样，才能使研究对象是客观真实的，研究视野是开放开阔的，研究方法是行之有效的，研究手段是科学先进的，研究结论是正确可靠的。

跨文化交际学主要研究来自不同文化背景的人们所进行的社会交往活动，尤其是不同民族、不同地区、操不同语言和具有不同文化观念的人们相互之间的社会交往活动。不同文化背景的人们在交际活动中要涉及种种问题，产生种种交际障碍，这些问题和障碍，跨文化交际研究专家波特和萨默瓦将其归结为三大要素：其一，观察事物的过程，其中包括信念、价值观、态度、世界观以及社会组织；其二，语言过程，其中包括语言和思维模式；其三，非语言过程，其中包括非语言行为、时间观念和空间的使用，等等。可见，跨文化交际学的研究范围要涉及十分广阔的领域，牵涉到众多十分复杂的语言文化问题。只有在科学的研究方法指导下，才能在研究中面对错综复杂的语言文化系统，抓住事物的全局和本质规律，取得实质性的进展。

跨文化交际学的学科性质决定了在文化全球化时代，研究方法必须适时更新。跨文化交际学是一门涵盖面十分广泛的综合性学科，其中影响最大、关系最密切的主要有文化人类学、社会心理学、社会语言学和传播学。这些不同的学科在跨文化交际研究中各有其研究方法。如文化人类学家都采取实地调查的方法，通过收集和分析大量的跨文化交际实例，阐明不同文化模式之间的特点；社会心理学家通常使用心理学的实验方法，通过大量实例，对跨文化交际的文化心理、价值取向做定量分析和客观的描述；社会语言学家主要运用社会学的调查方法，通过文献研究、统计调查以及标本采集式的材料积累，揭示语言与阶级、语言与地域、语言与社团、语言与种族等的关系，阐明语言所反映的文化内涵、语言与文化、语言手段与非语言在跨文化交际中的作用等问题；传播学家则从传播的角度入手，研究文化差异对于信息传播过程以及传播效果的影响。各门学科的特殊性决定了它们各有其适用于自身需要的富有特色的研究方法。但是，跨文化交际学作为一门综合性很强的学科，虽然要涉及文化人类学、社会心理学、社会语言学和传播学等学科，但它不是这些学科的简单组合。其研究方法也不是这些学科的研究方法的简单移植和拼凑，而应该根据文化全球化的新形势，根据这门学科的研究对象、研究性质和学科的内容以及发展趋势，总结提炼出有助于学科发展的新的行之有效的研究方法。

与自然科学和社会科学的其他学科相比，跨文化交际学的研究有着特殊的难度，这也决定了这门学科研究方法更新的特殊重要性。这主要在于：其一，跨文化交际学的学科涉及面广，关联的问题多，既要涉及不同的文化系统，又要涉及由不同的文化系统支配和影响的不同的政治、经济、历史、宗教信仰、礼仪习俗和不同的语言方式、思维方式、认知方式、行为方式、生活方式、交往方式等诸多方面的复杂现象，限于各方面条件，不太可能经常进行跨国的研究，这无论对于分门别类的研究，还是对于系统整合研究都存在着相当大的难度。其二，语言与文化是不断演变着和发展着的，既有经过了相当一段时间才能觉察到的量的变化现象，也有在很短的时间内就发生着巨大变化的质的变化现象，如网络出现带来的网络语言的变化。语言和文化的动态发展，对于一个语言文化系统而言是这样，对于另一个语言文化系统来说也是这样。语言文化系统的发展趋势和基本规律是很难事前预测的。不能像气象学家那样可以精确地预测工涨潮落的时间和空间；像天文学家那样精确地预测哈雷彗星在某个时间和空间里重新出现。在一定的时期研究得出的结论，随着时间的变迁，往往会显示出其不确定性的方面。这就是理论的生态性的特征。所谓理论的生态性，即是理论产生、发展和适用范围的时间和空间性。任何理论都是特定时间和空间的产物，随着时间和空间的变化，理论必须改变自己的形式和内容。文化全球化时代，跨文化交际实践领域已经出现了一系列新问题，需要理论及时总结实践经验并加以概括和提升。其三，就研究者而言，他是本国文化的产生根深蒂固的民族本土文化熏陶和造就了他，使其在跨文化交际的理论研究和实践运作方面往往会不自觉地受到民族本土文化的支配，受到这种文化所维护的信仰和价值观念的制约，无形中积淀而形成的思维定式使其难以完全持超然的立场和观点，从而使研究做到完全客观公正，符合实际。正是由于跨文化交际学研究的特殊困难性，更需要探讨研究方法。科学的研究方法能为跨文化交际的研究提供相对稳定而又行之有效的工具系统，为人们从知其然到更知其所以然提供认识的指南和应该遵循的基本范式。

二、文化全球化洞开了跨文化交际研究的新天地

承认文化全球化的客观事实以及面对文化全球化出现的一系列新问题展开跨文化交际研究，在跨文化交际研究过程中会使我们走向柳暗花明又一村的境地。

首先，文化全球化拓宽了跨文化交际研究领域和研究者的思维空间，有助于人们从全球的角度审视多元文化的互动和跨文化交际行为，并在此基础上探求共同的文化建构。在文化全球化尚不明朗的条件下，由于各种客观条件和主观条件的局限，如研究对象的简单性、研究技术手段的原始落后性、跨文化交际范围的狭隘性以及研究者出于自身的特殊利益和长期形成的特殊的文化背景，会自觉或不自觉地表现出文化中心主义的优越感和文化部落主义的保守心态，这些客观与主观因素，都会直接影响到研究的深度和广度，从而使研究结论带有狭隘性、片面性和或然性。文化全球化时代，是多元文化空前活跃的时代，是跨文化交际的形式和内容更加具有多样性和丰富性的时代，有助于人们站在时代的峰巅，从整

体宏观鸟瞰的大背景，立体式的全盘扫描的宏大视野出发，借助于现代化的技术工具，例如互联网这一高速化的国际文化交流网络以及文化全球化导致的大量的文化事实和生动的感性经验材料，建立起超越文化多元对立的新思维模式，认真地分析在文化全球化时代跨文化交际的基本过程、主要原则以及主要交际手段的运用方法和基本特征，如实地考察人类多元文化的历史、现状和未来发展趋势，正确地揭示人类文化的普遍本质和规律，科学地研究跨文化交际行为的多样性和统一性，并在此基础上正确地概括出避免跨文化交际冲突的方法，以及提高跨文化交际意识和跨文化交际能力的途径。

其次，文化全球化表征了人类文化动态发展的旺盛活力，有助于人们以动态开放的心态，流动发展的观点进行跨文化交际研究。文化是在人类实践中产生的，以人化为基础，以人的本质力量的对象化为内容，随着人类实践的发展而发展。僵死凝固、一成不变的文化是不能存在的。任何一个民族的文化，既是该民族的历史已经积淀下和正在积淀下的该民族的精神、意识、道德观念、思想、风习、价值准则的结晶，又是该民族发展着的民族精神、意识、道德观念、思想、风习、价值准则等，是继承性与发展性、稳定性与变动性、单一性与多样性、绝对性与相对性的统一。文化体现了人类或民族的本质形成和展开的过程及其产品。伴随着文化的发展，不同民族的交际行为都会发生或大或小的改变，传统的交际模式或因为不合现代社会发展的时宜而逐渐衰亡和被摒弃，或经过筛选整合、注入新的活力而获得新的发展契机。文化全球化使任何民族的文化都有了相互学习，彼此交流，并在此基础上得到发展的机遇。悉心研究在文化全球化状况下跨文化交际出现的一系列新情况，并预测文化发展的未来走向，跨文化交际研究就有了源源不断的源头活水。

再次，文化全球化促进了多元文化的并存、互渗和互补，有助于人们在跨文化交际研究中将多元文化放在平等的地位予以考察，确保研究结论的客观性和真实可靠性。一方面，各民族文化具有多样性和差异性，不存在适用于一切民族的评判文化优劣的价值尺度不同的民族文化都具有平等对话、平等交流的资格和权力。另一方面，人类实践的共通性和人的本质的普遍性，使多样性的人类文化又具有共同性。随着人类共同利益的日渐增多，共识领域的日渐扩大，文化发展综合性的趋势会越来越明显。但这种趋同绝不意味着一种文化能够消融世界上的其他多种文化而取得王者至尊地位，或者不同的文化会自觉放弃自身的生存空间而最终相互融合成一种单一的文化。任何民族要保持自己的存在和发展，就必须固守和发扬自己的文化传统。文化是一个民族凝聚力的根基和发展的动力。但是，民族文化的多样性存在及其发展的活力又是在不同文化之间的互相借鉴和融合中实现的。伯特兰·罗素在《中西文明比较》一文中指出“不同文明之间的交流过去已经多次证明是人类文明发展的里程碑。希腊学习埃及，罗马借鉴希腊，阿拉伯参照罗马帝国。中世纪的欧洲又模仿阿拉伯，而文艺复兴时期的欧洲又仿效拜占庭帝国。”今天，文化全球化为多元文化的并存、交流、对话和沟通提供了大好时机，有助于人们摆脱偏执的心态进行跨文化交际研究。

最后，文化全球化所造成的大量文化经验材料，有助于人们进行文化整合，从而探求到各种跨文化交际现象背后的本质与规律。文化整合是20世纪初文化人类学家提出的概念。威廉·斯图尔德在《文化变迁理论》一书第三章以“社会文化整合水平，一个操作的概念”为标题，阐述了社会文化整合问题，但文中对社会文化整合水平这一概念始终没有下明确的定义。我们认为，跨文化交际中的文化整合，指的是在跨文化交际过程中，各种文化特质和文化模式通过交流、冲突、沟通和融合而达到协调一致和自成一格的状态。文化整合的结果并不是单一文化取代多样性的文化，而是多样性文化的丰富发展，是多样性文化的交相辉映，也是真正意义上的跨文化交际的积极成果。20世纪20年代文化人类学家研究发现，文化模式的最小单位是文化特质，如语言、习俗、行为特征等。文化整合是文化特质和文化模式层面上的整合。通过文化整合，不同的交际行为、风俗习惯、价值观念，都可以最大限度地减小冲突，增加理解，达到协调一致和自成一格。在各种跨文化交际现象的背后都隐藏着本质和规律，只有通过文化整合才能发现。文化即人化，人化了的对象世界即是一个充满文化的世界。文化是人化的积淀和表现，人在人的世界中是通过文化而存在的，人通过文化而存在于属人的世界里。正如美国学者奥格本所说："现在，人类本质一词大都不是指人的先天本质，而是人类先天本质的文化表现形式，正是文化才使人的本质取代动物的本质。"美国人类文化学家怀特也认为，对人类的真正研究，不是关于人的研究，而是关于文化的研究。"将跨文化交际研究置于文化全球化的态势下加以考察，就能发现跨文化交际中各种现象背后潜藏着的本质和规律。

三、传统跨文化交际研究方法存在的主要问题

我国的跨文化交际研究伴随着改革开放的兴起而兴起，发展而发展。不少学者对此进行了多维度的较深入的研究，取得了比较丰硕的理论成果。这些研究成果对于跨文化交际的实践也起了很好的指导作用。但是，也不能不看到，由于不少研究是在对文化全球化的思想认识不足的背景下进行的，因此，有一些研究成果在研究方法上不能适应文化全球化的客观事实，研究结论也随着时间的推移逐渐显示出了时效性、或然性和局限性。存在着下列不容忽视的主要问题：

首先，对立的而非交融的研究。即在进行跨文化交际研究时，将多元的交际行为模式特别是东西方文化模式视为对立的而非交融的两极，在一种非此即彼的形而上学的僵硬的框架模式内考察和说明问题。虽然不同民族都有不同的文化样式，跨文化交际中的差异也是客观的存在，而且具有多样性，但各种文化差异具有错综复杂的表现形式，并不都以此民族之"是"即彼民族之"非"的模式表现出来。而在传统跨文化交际研究中往往沿袭这种简单的思维模式去说明问题，甚至人为地将文化差异定型化，到处设定文化差异，制造和夸大文化差异，将过去的差异现代化，局部的差异普遍化，相对的差异绝对化，可变的差异凝固化。为了言之有理，又千方百计地枚举大量现象予以佐证，在研究中满足于简单的现象罗列和外在类比。形成不是东风就是西风，不是西风就是东风；不是东风压倒西风，就是西风压倒东风的二元对立的思维模式。并由此给人们以这样的误导，跨

文化交际研究的实质就是揭示文化差异，认识文化差异和警惕文化差异。这种研究实质上将跨文化交际视为多元文化是单一的对立关系，先验地设定了多元文化之间的固定界限。由于缺乏各种文化具有统一的发生之源和共通的内在本质，必然具有相融性、交汇性和互渗性的辩证法思想，因而无法深刻地揭示多元文化间的同中之异和异中之同，无法将研究对象看作一个内部存在有机联系的系统整体，无法全面地多层次展示多元文化的总体关系。文化全球化时代，是一个现代的流动性的时代，那种多元文化总是固定不变的界限正在消解和模糊，文化之间通过广泛交往而互通、互渗和互补的格局开始形成。

其次，求异的而非求同的研究。即在跨文化交际研究中，对不同文化间的特殊性（个性或个别）研究说明的多，对其普遍性（共性或一般）研究说明的少。诚然，不同文化都有自身赖以生存和发展的条件与土壤，正如德国著名思想家恩斯特·卡西尔所说："毫无疑问，人类文化分为各种不同的活动，它们沿着不同的路线进展，追求着不同的目的。"求异研究是十分必要的，它对于深入地了解不同文化模式的个性特点很有裨益，但是，对文化模式个性的说明不能代替对共性的揭示。因为，只有深入展开对文化共性的研究，追踪各种文化差异背后的共同性，才能寻找到不同文化的共通本质和规律，又在此指导下，更好地说明不同文化的特殊性。否则，只能知其然而不知其所以然，无法在多元化的文化样式间架起沟通的桥梁。事实上，在文化全球化的冲击下，每一种过去似成定论的差异正在模糊和消解，文化的共性成分日益增多。阐明文化的共性，已成为跨文化交际研究的重要任务。揭示多元文化间的共性，需要研究者提高理论思维能力，特别是提高哲学思维能力。只有这样，才能在研究中经常进行从个别到一般，再从一般到个别的反复抽象达到像卡尔所说的结果。在神话想象、宗教信条、语言形式、艺术作品的无限复杂化和多样化现象之中，哲学思维揭示出所有这些创造物据以联结在一起的一种普遍功能的统一性。

再次，局部的而非系统的研究。在传统的跨文化交际研究中，局部的研究，如对语言差异的研究，交际行为差异的研究，副语言现象的研究，如对音调、噪音、音量等语言交际伴随特征的研究，对非语言交际行为的研究，包括手势语、体态语、目光接触、体距等的研究，对跨文化交际行为的敏感性的研究以及交际规则、交际能力的研究都取得了很大的成绩，但是，正如T. 库恩所说：这样的研究还缺乏一个包括规律、理论、应用和工具在一起的范式。理论的发展是通过范式的嬗变而完成的。只有通过将局部的研究上升为系统整合的研究，才能建构新的范式。跨文化交际的研究必须注重分门别类的局部的研究，局部的研究越是仔细和深入，越能有助于对事物本质和规律的揭示。但是局部的研究不能代替系统整体的研究，不能只见树木而忽视了森林；只见小流而忽视了大海。只有经过从局部到整体，再从整体到局部的研究，才能对跨文化交际学的研究领域、研究对象、研究内容的关系以及研究的愿景等问题有深刻的理解和把握。

最后，静态的而非动态的研究。主要表现为在列举跨文化交际差异时，置现实的和当下的材料而不顾，往往用传统的而非现代的、昨天的而非今天的实例，这显然是失之偏颇的。无论是东方文化，还是西方文化，都处在不断的变化发展中，在当代，文化发展更呈现加速度的趋势。在跨文化交际研究中，过去那些似乎已成定论的观点。跨文化交际作为一门行动的科学和实践性很强的科学，具有强烈的时代性和动态可变性是其显著的特征，要求研究者必须以动态的观点，前瞻的眼光，不断地发现新的问题，认真加以概括总结，形成与时代发展相吻合的新的研究成果。只有这样，才能使这门学科青春永驻，始终保持勃勃的生机活力。

第二节　网络交际：跨文化交际的新场所和研究的新领域

1. 网络交际是文化全球化时代的新事物

当国际互联网络以其强大无比的触角向全球延伸，悄悄地为人类编织好了一个细密庞大而又全新的跨文化交际空间场所时，跨文化交际研究的一个全新领域——网络交际领域，即刻呈现在人们的眼前。网络交际揭开了当代全世界范围内的跨文化交际的巨大帷幕，标志着跨文化交际跃迁到了一个前所未有的新形态，也为跨文化交际学科的建设树立了一个崭新的里程碑。网络交际的特点、价值、功能以及发展趋势，网络交际对于跨文化交际研究提出的一系列新问题，必将推动跨文化交际学的嬗变、重组和新的建构。

交际作为人类社会所特有的社会现象，其发展是与社会的发展同步的。经历了一个由生产力和物质技术条件所决定的从低级到高级，从简单到复杂，从封闭到开放，从单一到多样，从现实物理空间到虚拟电子空间等的发展历程。跨文化交际作为不同文化背景的人们的交际亦如此。

跨文化交际研究专家 L.S.Harms 将世界范围内的交际从单一到多样、低级到高级、简单到复杂的发展历程概括为五个阶段：语言的产生；文字的使用；印刷技术的发明；近百年交通工具的进步和通信手段的迅速发展；跨文化交际。他认为，近 20 年的交际是以跨文化为特征的。这是人类交际的第五个阶段。Harms 对交际五阶段的概括是以交际工具的进步为尺度和标准的，有着一定的道理。但是，把跨文化交际视为近几十年才出现的，这就否定了在前四个阶段存在着的跨文化交际现象，显然是失之偏颇和不符合历史真相的。

我们认为，对跨文化交际阶段的划分，既要以交际工具作为尺度，又要以社会形态的演变作为根据。将交际工具和社会形态的演变结合起来考察，可以将人类的跨文化交际划分为三个阶段，即农业社会和农业社会以前的初始的跨文化交际阶段，工业社会有一定规模和深度的跨文化交际阶段，以及后工业社会因网络交际问世而出现的可称得上当代真正意义上的全世界范围内的跨文化交际阶段。

第一个阶段，农业社会和农业社会以前的初始的跨文化交际阶段，或称为跨文化交际的初级阶段。在农业社会和农业社会以前的自然经济条件下，由于生产力水平的低下以及人际关系的简单，由于交际的物质条件的极度匮乏，人们的交际只能局限于当时特有的交际手段，以语言、面部表情或体态表情等为主，进行面对面的直接交际，那种借助于书面语言，大众传播媒介或技术设备所形成的间接交际虽然也存在，但不常运用。而且通信条件极其困难，信息传播手段极其原始落后，因此，当时有“家书抵万金”之说。美国著名历史学家海斯（Hayes）等人在著作《世界史》中对欧洲中世纪庄园的人际关系进行了揭示。指出，中世纪的庄园呈现一种封闭性的、几乎与世隔绝的状况。除在其内部，人与人之间为了交换生活用品时有交际外，与外界是甚少联系的。但是，在这一时期，我们也要看到，跨文化交际已经存在了。例如，古希腊、罗马同古埃及及东方各国很早就有了贸易的往来和文化的交流。这些古国的古老文明，对希腊文化的发展也起了很大的推动作用。希腊文明向周边地区的传播表现了跨文化交际过程，正是通过跨文化交际，古代希腊文化深入到了西亚、中亚，直接到达了印度和帕米尔高原，至今都对西方文化产生深刻的影响。又如，我国在西汉时通过丝绸之路与中亚、西亚、非洲、欧洲等地区的人民进行了广泛的跨文化交际。当然，这种跨文化交际，无论是交际主体的数量、交际的规模、交际时间的持续性，还是交际的手段、方式、类型等都处于比较原始的阶段，因此，可将其称为跨文化交际的初级阶段。

第二个阶段，工业社会有一定规模和深度的跨文化交际阶段。工业革命时期与以前相比，跨文化交际无论是在广度上还是在深度上都有重大突破。这种丰富多样性的跨文化交际是资本主义生产方式促成的。按照马克思的说法，资本主义生产方式促进了“历史向世界历史的转变”“它开创了世界历史，因为它使每个文明国家以及这些国家中的每一个人的需要的满足都依赖于整个世界，因为它消灭了以往自然形成的各国的孤立状态。”

随着资本主义生产方式的问世，航海业的发展以及新大陆的发现，随着资本主义生产力的迅速发展，社会交通的日益发达，随着资本主义频繁的无休止的商品交换和商业资本的交流，以及资本主义竞争所造成的人们观念的变化，传统的狭窄封闭型的交际方式逐渐让位于宽广开放型的交际方式。商品经济打破了自然经济，也就打破了狭窄封闭的地域界限，打破了人依附于自然的状态，使之社会化。在工业社会，由于商品生产是以社会化为特征的生产，由于国与国经济、政治与文化联系的紧密性，跨文化交际无论规模、程度、节律和深度都是以往任何一个时代都无法比拟的。工业社会的跨文化交际大多还停留在社会组织之间和上层贵族之间，还没有全方位地深入到广大民众之间。由于强势文化与弱势文化之间的不平衡性，跨文化交际存在着主动与被动、积极与消极之分。跨文化交际还主要局限于现实世界之中，通过各种大众传播媒介特别是网络媒介，在虚拟世界的跨文化交际还没有形成规模。

第三个阶段，后工业社会真正意义上的跨文化交际阶段。随着我们今天这个被西方学者称为后工业社会或后现代主义时代的来临，形成了全球性的跨文化交际的大模式和大格局。推动当代跨文化交际从广度和深度发展的动因是网络的问世和运用。计算机网络是计算机技术与通信技术发展的结晶，并在用户需求（应用）的促进下发展起来的。1946 年，第一台计算机问世，其后几年，计算机只能支持单用户使用，计算机的所有资源为单个用户所占用，直至分时多用户操作系统出现。出于应用的需求，人们开始利用通信线路将远程终端连至主机，不受地域限制地使用计算机的资源。严格地说，这一时期的“终端—通信设备—主机”系统并不是计算机网络，因为，终端本身并不具有智能功能，不是一台“独立自治”的设备。1968 年，美国国防部高级研究计划局（ARPA）与麻省剑桥的 BBN 公司签订协议，进行计算机之间的远程互连研究，研究的成果出现了著名的 ARPANET。ARPANET 的研究和建立标志了世界上第一个计算机网络的诞生。

目前，计算机网络仍是一大热门课题，应用需求极为广泛。1993 年，美国政府提出的“信息高速公路”实质上是将计算机网络连至各家各户，我国政府提出的“八金工程”也是以计算机网络为基础，支持各行各业的应用需求。同样，目前，一个企业同时拥有多台计算机已不再是遥不可及的事情，计算机联网以支持企业的应用已成为企业的一般要求。虽然自 70 年代初，随着美国国防部资助研制的 ARPANET 投入运行以来，计算机网络经历了二十几年的发展，也得到了人们的高度重视。然而，对计算机网络的精确定义仍未出现。一般来说，计算机网络是以共享资源（硬件、软件和数据等）为目的而连接起来的，在协议控制下，由一台或多台计算机、若干台终端设备、数据传输设备以及便于终端和计算机之间或者若干台计算机之间数据流动的通信控制处理机等组成的系统的集合，这些计算机系统应当具有独立自治的能力。根据上述的描述，计算机网络的最主要功能是向用户提供资源的共享，而用户本身无须考虑自己以及所用资源在网络中的位置。资源是指在有限时间内可为用户提供各种服务的软硬件设施，资源共享包括硬件共享、软件共享和数据共享。人们从不同的角度对计算机网络进行了不同的分类。按网络的跨度分，可以分为广域网、局域网和城域网；按网络的拓扑结构分，可以分为星型网、总线型网、环型网和网状网络；按管理性质分，可以分为公用网和专用网；按交换方式分，可以分为电路交换网、报文交换网和分组交换网；按功能分，可以分为通信子网和资源子网。

对于因特网的神奇功能以及影响作用，比尔·盖茨指出：“因特网将改变一切”，这句话同样适用于跨文化交际，可以说，因特网改变了跨文化交际。现在，网络作为全球信息高速公路的雏形，已从最初单纯的通信与学术交流的技术手段和工具，演变成为商贸、教育、文艺、科研、管理的技术手段和工具，成为现实社会生活中不可缺少的重要组成部分。网络成了连接不同国家、不同地区和不同肤色的人们的桥梁和纽带，它冲破了阻碍跨文化交际的各种有形或无形的藩篱和壁垒，使整个世界日益成为一个紧密联系的整体。通过网络，任何人都可以跨越国界，远离本土，在不谋面的情况下自由地进行全球性的跨文化交际活动。网络交际常用的形式——博客和博客链，已经成为网上成长最快的跨文化交际的新事物。借助 XFN（是一个使用超链接表示人类关系的简单方法），博客们也可以在博客链里用简单的代码（即所谓的“网络爬虫”）实践“六度分隔”理论，通过在网页的语句中添加属性标签，博客们可以定义他们与其他人的关系。

网络交际作为一个新事物，与传统交际存在着诸多方面的联系和区别。网络交际与传统交际的最突出的区别有以下几个方面：

一是交际的时空条件不同。传统的交际都是在特定的时间和空间中发生的，都要受制于一定的时间和空间。而网络交际则突破了传统交际所受的时间和空间的局限，改变了传统的时间观和空间观。从时间来说，网络交际不受时间的限制，可以实施全天候的交际，根据交际主体的意愿，想什么时候交际就什么时候交际。交际各方的信息传递和反馈是即时的、连续的，可以在瞬间完成。从空间而论，网络交际将交际领域从现实的物理空间延伸到了虚拟的电子空间。网络交际的空间也具有无限性的特征。用英国社会学家安东尼·吉登斯的话来说，网络加快改变了人们的时间和空间观念以及时间和空间对人类发挥作用的机制，使人们感到时间和空间被压缩了，导致人们生活在一个时间密集和空间紧缩的环境中。时间和空间的压缩，从某一种意义上说，也是时间和空间的延伸。通过网络交际，人们的社会关系的距离被空前地延伸了，使复杂的全球社会关系网络得以形成。

二是交际的规模、广度和深度不同。传统的交际由于受交际赖以进行的物质条件和精神条件的限制，使交际的规模、广度和深度都局限于一定的层面。交际所赖以进行的客观物质条件的制约，主要有交通工具、通信设备、大众传播媒介等的限制。交际所受到的精神条件的限制，主要指使交际活动得以进行的主观能力的限制，如语言交往手段和非语言交往手段以及接受和反馈信息的思维活动的限制等。在长期的自然经济条件下，由于生产力水平的低下以及社会关系的简单化，由于交往的物质条件的极端匮乏，交际者以运用人类特有的交际手段，如语言、面部表情或体态表情等进行面对面的直接交际为主，那种借助于书面语言，大众传播或技术设备所形成的间接交际虽然也存在，但是不经常运用。网络交际拓宽了传统交际的地域范围，而且借助于现代科技手段，使交际活动无论从广度或深度都达到了前所未有的程度，真正达到了全球性的跨文化交际。交际主体从社会组织、贵族阶层深入到了广大民众之中，从单一对应发展到了多元互联互动。史无前例的跨文化交际大格局由此形成。

三是交际的自主性程度不同。传统交际虽然具有一定的自主性，但是这种自主性是受到很大限制的，交际的自由度只能局限于一定的范围。特别是在传统的农业社会，封闭性的自然经济，使人们与外界甚少联系，几乎处于一种与世界隔绝的状态。网络交际与传统交际相比却是一种真正的自主性交际。尼古拉斯·尼葛洛庞帝认为，信息高速公路的含义就是以光速在全球传输没有重量的比特。互联网世界是个信息极其丰富的百科全书式的世界，来自各种不同信息源的信息数量按几何级数不断增长。在互联网上，人们可以自主选择需要的信息，自由地发表自己的观点。互联网的自主性为交际者个性化发展提供了广阔的空间。当然网络交际世界对于人们过多的自由度，也带来了一系列法律、伦理道德等问题，网络世界需要管理。

四是交际的开放性不同。传统的交际更多地受到血缘关系、地缘关系、业缘关系等的影响，呈现出闭塞性的特点。如以血缘关系为基础的交际是人们最早最持久和发生频率最高的交际；以地缘为纽带的交际是人际吸引力比较强大的交际，以业缘关系为基础的交际是具有普遍性的交际。同时，传统交际的闭塞性还表现为交际要受性别、年龄、身份、地位等的限制。而网络世界的出现，冲破了各种限制交际的枷锁，使交际出现越来越开放的现象。互联网上全球各种信息汇集、古今中外各种文化共存。它是一个随时变换的开放信息系统。进入网络，就犹如进入了信息的海洋，整个世界此时不过变成了一个地球村。任何人只要遵守一定的协议，随时随地都可以从网上获取自己所需的任何信息。网络成为信息的万花筒，使超能域的文化沟通变得轻而易举，它带来了网络文化的多元化。

五是交际的平等性程度不同。传统交际往往表现出巨大的不平等性。地位的平等带来了交流的自由，任何人在互联网上都可以表达自己的观点。

六是交际的实在性与虚拟性的不同。传统的交际都是在实在世界里进行的活动，这种交际活动可以定型、定格和进行定量的分析研究，交际者都能够体现出真正的自我，交际活动看得见、摸得着。网络交际则是在虚拟世界里进行的交际活动。网络的虚拟性表现在网民身份的隐形性、网络空间的虚拟性、网络实际运行的无序性以及网络交际结果的难以测定性。网络通过其互联关系构成了一个社会,创设了一个虚拟空间。人的世界在互联网上发生了异化。这个空间丰富而刺激，人们可以创造出一种与现实环境极为逼真的虚拟实在；人们也可以尽情地尝试扮演各种社会角色；还能圆现实生活中无法企及的梦想。网络世界中的虚拟互动的文化，为人们提供了更大范围的交际空间，使其在具有了自由选择、主动参与、自我实现的广阔舞台的同时，也促使一部分人心理产生异常变化，他们乐于进行虚拟世界中的网络交际，而羞于和不愿意进行现实生活中的交际，乐于使用网络语言交际，而不愿意运用现实世界中的语言交际，出现在网络虚拟世界中情感高度亢奋，而在现实生活中人际情感疏远的两律背反现象。由于长期沉湎于网络世界里的交际，就会对现实生活中的交际活动不感兴趣，而长期上网成瘾的结果，就会失去真实的自我，使人格发生不正常的改变。这是跨文化交际中的悲哀现象。

总之，以互联网为代表的网络虚拟世界，是一个巨大的跨文化交际领域，以其时空压缩性、内容海量性、双向互动性、开放性和多媒体性等方面的特点；改变了传统的跨文化交际的内容和形式、方式和方法，推动着跨文化交际的研究要超越传统的界限，向纵深领域拓展。网络以其巨大而无形的大网把整个世界覆盖起来，使人类曾经梦想中的“千里眼”“顺风耳”“地球村”等神话成了现实。世界上多种多样的文化通过网络交际媒介进行不断的沟通、交流、对话、碰撞和整合，有力地促进了全人类文明的延续和文化的发展。网络交际作为文化全球化时代的新事物，在拓宽全人类和全社会精神交往的范围和深度，提高精神交往的水平和质量上发挥着巨大的作用，跨文化交际研究的视野必须聚焦于网络交际。

这是一个新的研究空间，这里一定会产生新的研究成果。

2. 网络交际的特征：跨文化交际的新拓展

网络交际作为当代真正意义上的跨文化交际，有其鲜明的个性特征。这些特征在其功能和价值上，是对传统跨文化交际的有益补充。

其一，网络交际标志着跨文化交际的全球性和空前的广泛性。以网络为依托，可以跨越时间和空间的界限，形成全方位立体式的纵横交织的全球跨文化交际的十分庞大的格局。网络本身既无始点，也无终点。网络交际空间无边无际。现在因特网无处不在，规模空前。1968 年，美国国防部提出建立计算机网络的设想，计划用若干小型计算机建立一个相互连接的网络。1972 年美国建成了 4 个计算机网络系统，其中 3 个设在加州大学洛杉矶分校，1 个设在内华达州。使用这些网络，人们可以互通电子邮件。1980 年，全世界越来越多的计算机开始通过电话线互相连接，组成了一个巨大的机器网络，共享信息资源。此后，这个网络迅速扩大并于 1993 年开始对全球公众开放，它就是现在人们所说的国际互联网，又称作“因特网”，“因特”一词，是英文缩写词 Internet 的音译。如今因特网已经覆盖全球几乎所有的国家和地区，数以亿计的人在使用它。因特网用户以每年 100% 的速度增长。人们可以在任何时间、任何地方，就任何内容在网上浏览所需信息或与别人交流。在因特网中，信息以光的速度流动，人们获取信息不再受制于交通工具，不必长途奔波、千里劳顿，因特网提高了人类活动的效率，改变着人类几千年形成的交际习惯。有人形象地比喻：19 世纪是铁路的时代，20 世纪是高速公路的时代，21 世纪是因特网的时代。因网络而形成的一个个的“电子社区”，将居住地不同的人们联系起来，使跨文化交际能够超越地理因素的限制，克服时空障碍，形成全球意义上的跨文化交际现象，产生全球性的跨文化交际信息同步和反馈效应。

其二，网络交际展示了跨文化交际主体和客体之间的双向互动性和平等性。网络为跨文化交际者提供了平等的交际平台。因特网是建立在一系列电子技术基础之上的系统发明，对人类活动将产生深远影响。因为只有实现有效的信息交流，人类才能构成社会，共享智慧，协调有效地进行各种活动。如果说电视的发明缩短了人类与世界的距离，因特网的发明则缩短了人类与知识的距离，缩短了人类个体与人类群体之间的距离。许多学者把因特网的出现看作人类进入信息时代的标志。我们还要看到它对跨文化交际产生的巨大影响，即将人类引向了真正意义上的跨文化交际的新时代。网络交际展示的平台，是一个使全球不同种族、民族，不同文化的人们可以进行广阔的自由对话、平等交流的平台。在传统的跨文化交际过程中，信息传播的主体和客体之间往往存在着主动和被动的关系，存在着信息传播者和接受者之间的主导和服从，支配与被支配的事实上的不平等现象。网络则改变了这种状况。在网络上，跨文化交际者的地位和身份都是平等的。每一个网络用户都可以成为一个新闻发布机构，自由地表达自己的意愿，发表自己的意见。交际双方或多方都可以互为主体和客体，即：既接受信息，又可以立即反馈信息。在网络上，文化也是平等的，不同民族的文化都是人类文化系统中的一个有机组成部分，都可以以平等的眼光加以审视，给以平等的地位。无论是东方文化还是西方文化，都可以在网络上进行平等的对话和交流，取长补短，共同发展。

其三，网络交际实现了人类信息资源的共有共享性。网络信息资源是不为任何一个国家或组织所独霸和专用的，而是全人类共有和共享的信息资源。网络信息资源主要表现为知识资源。它将本属于个别区域文化的资源转变为全人类的共同的文化资源，促进了不同文化间的交流、沟通、融合和共享。网络资源共享不仅体现在便捷地获取各种信息资源上，还体现在网络信息资源可以向着更广更深的方向发展。各大图书馆开设网站，媒体在网上宣传，商家在网上营销，学校在网上授课教学，政府在网上办公。随着越来越多的社会活动的信息化进程，各种资源正在源源不断地向网络汇集，成为一种迅速可见的信息膨胀。与此同时，这滚雪球一般迅速壮大的信息网络，又促进更多的社会活动的信息化进程，促进了对信息资源网络化共享的需求，从而像海绵吸水一样，促使着更多的没有信息化数字化的资源迅速融入。信息化网络化的资源共享模式已经不仅是一种潮流趋势，更是一种国际标准。网络信息资源的共享性的特征，对跨文化交际的影响是巨大的。比尔·盖茨说，信息高速公路将打破国界，并有可能推动一种世界文化的发展，或至少推动一种文化活动、文化价值观的共享。迈克尔、沙利文和特雷诺认为，我们在将来肯定会实现一种同一的文化。它是建立在单一的世界性的知识之上。两种文化或两个国家之间的偏见和长期对立可以通过对相互差异的了解而得到解决，通过一种中立的文化媒介，我们能清楚、简单地与他人沟通，我们能向对方表达自己的愿望和动机。这样的话，整个世界将能向和平共处迈进一大步。总之，网络这一利器打破了文化的闭塞现象和少数人、少数国家的封锁和垄断现象，使之在流动、交流、融合和共有共享中不断地增加新的内容。这些新的情况、新的特征，在以前是根本难以想象的。

其四，网络交际变换了跨文化交际的空间场所，将交际者带到了广阔的虚拟电子空间。虚拟空间与现实的物理空间不同，它是一个电子空间具有虚拟性的特征。人们在这个广阔的虚拟电子空间里，可以自由选择信息和自由发布信息，其间一般没有严格的新闻审查制度和核查系统，人们不必面对面直接打交道。虚拟社会为人们提供了一个自由时空。网络虽然为人们的交往与沟通提供了方便，但是隔着网络这种非人性化的交往中介，人们常常很难感受到对方的反应、表情以及与自己相关利益的态度，这就使人们的交往行为或多或少也非人性化了。网络世界作为以虚拟实在和虚拟空间为基本的技术支撑，具有实在世界中跨文化交际没有的一些方便和好处，如在现实交往中那些备受关注的特征，诸如性别、年龄、相貌、身份等都能借助虚拟网络得到隐匿和篡改，人们的交际行为变得虚拟化和非实体化，客观上也推动着跨文化交际向广度和深度发展。间接性交际是虚拟社会的交际与现实社会的交际区别之所在。在现实的物理空间，人们可以采用直接面对面的实地实时的交际。交际时可以触之摸之，舞之蹈之，可以随时变换语气语调，可以察言观色。网络交际则以间接交际为主，主要以符号化为特征。人们是经过符号的中介传递明确的意义来进行交际的。虚拟性是网络交际的一大特征。

如虚拟爱情、虚拟会晤、虚拟旅游、虚拟体育、虚拟战争等。总之，网络的主要任务是进行符号的生产、交换、解读和存储。网络交际虽然能使各种交际主体产生实时、远距离如闻其声、如睹其容、如察其情的交互作用，但是，由于网络交际虚拟性的特征，时常会出现符号的异化和情感的不真实性等状况。

其五，网络交际增强了跨文化交际语言符号的丰富性。网络承载着空前密集的信息。网络所建构的平台，是一种智慧交流、承接并使之增加的平台。网络使不同学科、不同领域、不同观点能够自由方便地交流，通过这种交流，激活人们的创造性思维。网络世界已成为一个新技术、新观念、新名词不断涌现的世界。在网络日益普及的虚拟空间里，人们表达思想、情感的方式也应与现实生活中的表达习惯有所不同，于是有的人创造出令人新奇也令人愤怒和不懂的新的语言——网络语言。大部分网络语言是网民们为提高输入速度，对一些汉语和英语词汇进行改造，对文字、图片、符号等随意链接和镶嵌而形成的。从规范的语言表达方式来看，网络语言中的汉字、数字、英文字母混杂在一起使用，会出现一些怪字、错字、别字，完全是病句。但是在网络中，它却深受网民喜爱。

网络语言大体上可以分成三类：一是和网络有关的专业术语，如量标、硬件、软件、病毒、防火墙等。二是与网络有关的特别用语，如网民、网吧、黑客、信息高速公路等。三是网民在聊天或是 bbs 上的常用词语，也就是“口头语”：大虾、斑竹、菜鸟等。这些有别于正常含义的新奇词语，着实让不熟悉网络的人匪夷所思。然而，这些新词语却是众多网民所熟悉和喜爱的。这一层次定义的网络语言不能简单地等同于技术层面的“因特网用语”或“网络术语”都成了网络交际语。各种在现实生活中令人莫名其妙的缩写成为常见的网络交际语言。

有些专家经过调查研究，预测了网络语言发展的基本趋势，认为从现阶段来看，网络语言已经有了“走下网络，走入生活”的趋势。表现有三点：首先，网络语言已走进了大众媒体。其次，网络语言已经开始渗透到一些年轻人的日常交际用语中。再次，网络语言已引起了一些语言学家的关注，他们认为，一门崭新的语言学科——网络语言学将应运而生。对网络语言学的研究将成为跨文化交际学研究的新对象、新内容和新领域。必将推动跨文化交际研究进入一个新的阶段。

其六，网络交际引发了文化价值观冲突的普遍性和经常性。网络把世界上众多的国家和地区连接起来，超越传统和国界，突破信息交流中的文化差异和隔阂，使不同国别、民族和信仰的人们能自由交流。

3. 网络交际的呼唤：构建与网络时代同步的跨文化交际学

网络交际所引发的革命，不仅是跨文化交际工具、手段和方式的革命，而且是一场意义深远的跨文化交际学科的革命。它必将导致跨文化交际学的研究范围、研究内容、研究方法等方面出现一系列的变革和创新。

首先，促使跨文化交际研究范围的扩展。网络交际将跨文化交际置身于一个全新的时空范围——网络电子空间域和网络电子时间态。与此相应，跨文化交际研究的广角镜也必须聚焦这一领域，研究这一领域跨文化交际的现象、本质与规律。

在网络时代，虚拟社会的出现，形成了一种前所未有的新的生存方式、交际方式和思维方式，即新的虚拟生存方式、虚拟交际方式和虚拟思维方式，这是一种值得引起高度重视的新的实践方式和观念方式。虚拟即是数字化和符号化。虚拟世界和虚拟交际就是作为人的文化生命存在的意义符号世界和意义符号交际。虚拟交际使交际双方不能直接感知对方的真实状况以及心理情感的变化，而是进行着一种新形式的符号交际活动。这是一种间接性、多元性、中介性、约定性的十分复杂的全新交际活动。于是，跨文化交际学就应该解读和应答这些新的问题：虚拟世界的跨文化交际与现实物理世界的跨文化交际有何区别和联系？虚拟世界里的语言符号以及文化系统有哪些基本特征？发展趋势如何？符号交际所呈现的主体—符号—客体的三元性符号关系与现实交际中的主体—客体的二元性客观感知关系有何异同？虚拟世界特大型交际空间场中的多元主体交际时的交互性和即时性情景背后潜藏的本质如何说明？符号交际有哪些规律可以总结？虚拟世界的跨文化交际中存在着哪些文化价值观方面的矛盾和冲突？如何提高在虚拟世界里交际的跨文化意识？如何提高在虚拟世界里跨文化交际能力？等等。研究这些问题，有助于推动跨文化交际学科的发展。同时，作者认为，为了避免一些大而无当的空泛议论，也为了以微观实证研究的成果充实宏观研究，目前有必要创立一门新兴的学科——网络跨文化交际学，作为跨文化交际学的一个分支学科。它聚焦网络交际这一全新的跨文化交际空间，以网络中不同文化背景交际的基本问题、本质和规律作为研究任务，研究网络跨文化交际的基本特征、方式方法、文化差异与有效沟通、文化价值观的冲撞和消解等一系列全新的问题。

其次，有助于跨文化交际研究内容的充实。网络世界和网络交际的出现，带来了一系列跨文化交际需要认真加以研究的新内容，对这些新内容的深入研究，会推动跨文化交际学理论体系的完善。我们认为有三种主要内容在跨文化交际研究中要加以重点研究。

一是网络语言及其变异。语言是交际的工具和文化的载体及其写照。按照美国语言学家萨丕尔和沃尔夫的观点，语言不仅反映文化的形态，而且语言结构部分地或全部决定人们对于世界的看法。新的社会形态、新的经济特征、新的科技成就、新的学科问世以及新的生活方式或消费方式的产生都会引发新的语言的。在网络交际中，语言交流更趋频繁。我国学者雷默认为“在现实空间里，我们除了用语言来交流，更多地还得借助其他工具。而在网络上，我们唯一依靠的就是语言。语言的功能被网络发挥到极限。可以说，网络就是语言世界”。

二是网络符号及其异化。网络交际更加证实了符号世界的存在、价值及其意义。德国著名哲学家恩斯特，卡西尔在阐释“人是符号的动物”的观点时说“人不再生活在一个单纯的物理宇宙之中，而是生活在一个符号宇宙之中。语言、神话、艺术和宗教则是这个符号宇宙的各部分，它们是织成符号之网的不同丝线，是人类经验的交织之网。人类在思想和经验之中取得的一切进步都使这符号之网更为精巧和牢固。”并认为“符号化的思维和符号化的行为是人类生活中最富于代表性的特征，并且人类文化的全部发展都依赖于这些条件”。网络交际更加佐证了他的上述观点。

网络交际既是人作为交际主体所特有的符号化的想像力和智慧的高度发展，又是这种符号化的想象力和智慧的凝结。网络交际表现出来的人机对话系统，实质上是运用符号系统进行交际的系统。离开符号，网络交际就会中断。网络将符号的形式、内容、功能与价值发挥到了极致。从本质上说，网络符号是现实物理世界的符号系统在虚拟电子世界的反映和表现。两者既有共性，即它们都构成人的最直接的象征世界和最重要的文化环境，它直接陶冶人们的情感，塑造人们的文化心理，规约和影响着人们的思维方式、行为方式和情感方式。同时又存在着鲜明的个性。例如，物理世界的符号在交际时，对交际双方往往具有在场性、直接感知性等特点，而网络交际符号则具有非在场性、非直接感知性，以及由此带来的符号异化现象。网络交际者如果戴着人格的面具交际，网络符号就成了虚幻世界的虚假符号。研究网络符号及其异化，从法律和道德等层面规约和管理网络符号，是跨文化交际研究的一大新课题。

大学英语教学不仅是学生英语习得的过程，而且是其价值观的接受和形成的过程。现在，语言早已不是单纯的思想交流工具，而是一定文化的反映。任何语言文化，都会折射和映现出一定的价值观。价值观是语言文化的内核和灵魂。在全球化的浪潮汹涌而至，外来文化对民族本土文化的冲击愈演愈烈，多元文化价值观的冲突和互渗日趋加剧的今天，在大学英语教学中既传授语言知识，又注重进行正确的价值观的教育，消除错误价值观对他们的负面影响，使他们在学习语言时提高对文化价值观的敏感性，培育他们具有良好的道德品行和健全的人格特征，这既是英语教师的应尽责任，也是在大学英语教学中贯彻素质教育内容的题中应有之义。

大学英语教学有别于政治课程等教学，主要培养学生具有比较扎实的英语综合技能。也正是这种特殊性，使有些教师形成为教语言而教语言的倾向。没有充分意识到，当代大学生正处于世界观和价值观的形成阶段，心理还不定型。各门课程的知识对他们的价值观的形成都会产生一定的影响。另外，任何语言都是一种民族的生存方式和文化积淀，都会反映出该民族的意识形态、精神风貌和价值准则。英语绝不是单纯的语言，作为一个载体，它所传递的是英语世界的文化价值观。因此，应当把大学各门课程的教学都视为一个系统工程，把文化价值观的教育作为重要任务来抓，增强他们自觉抵御错误价值观负面影响的能力，从而培养和造就“有理想、有道德、有文化、有纪律”的、德智体美等全面发展的社会主义事业的建设者和接班人。

在大学英语教学中怎样才能搞好文化价值观的教育呢？我们认为应该做好下述三方面的工作。首先，培养学生提高对英语中的文化价值观的敏感性，透过语言表象，发现其中蕴含着的文化价值观。学生对文化价值敏感性的提高，需要教师有意识地结合西方文化的社会制度、历史背景、主要内容、价值取向进行挖掘和引导。

其次，帮助学生对错误价值观在网络上的表现进行正确的分析判断，自觉消除错误价值观的负面影响。当代社会，由于交通和以国际互联网为主导的大众传播媒介的发达，全球各民族都处在一个信息互动和共享的小小的“地球村”内。大学校园早已不是与世绝、封闭宁静的象牙之塔和世外桃源，而是多元文化价值观冲撞的“空间场”。

最后，教育学生证地对待其他文化价值观，去其糟粕，取其精华，将积极合理的因素内化为自己的养料。任何文化价值观都有其赖以存在的根基和理由，都有精华和糟粕之分。在大学英语教学中，既指出其他价值观中的消极错误的东西，又肯定其中积极合理的内容，对于促进东西方文化的交流和对话，创造多元化和一体化相融，全球化与本土化并存的世界新型文化都是有裨益的。

三是研究方法的调整。研究方法是研究的根本指南，是研究过程中首先需要加以注意的工具。对于研究方法的重要性，俄国科学家瓦尔沙夫斯基说：“研究方法在很大程度上决定研究的价值，就是说，正确的方法会提高研究的效率。过时考虑不周的或是说没列所有细节的方法则会使研究的价值受到影响。有时由于方法选择和个别方法的制定不够仔细，会造成全部工作的返工。因此科学工作者必须细心确定（选择和独立制定）研究方法，就是说，要把进行研究所必需的方式方法通盘确定下来。”

在以往的跨文化交际研究中，虽然也采用了实证的方法，案头资料分析的方法，多学科综合研究的方法，各种文化现象的比较对照的研究方法，从文化价值观高度透析的方法以及其他的方法，但是，从总的方面看，还存在着一些问题。如关于网络虚拟世界的交际现象、交际本质以及交际规律的研究专著还不多见；对于网络虚拟世界的交际与客观实在世界之间的交际辩证关系的研究还做得很不够；在跨文化交际学的研究过程中，存在着重视现实世界的跨文化交际研究，而忽视网络时代虚拟世界的跨文化交际；对多元文化特别是语言文化之间差异采取静态研究的做法多，而采取动态研究的做法少；对跨文化交际的文化的共性与个性的说明，采取思辨抽象和逻辑推演方法的多，通过大量实例研究从中得出科学结论的少；对现实问题研究的多，采取前瞻思维考察和展望未来研究的少；局限于一个民族、一个国家和地区进行研究的多，真正采取跨国界进行互动式研究的少。随着网络交际的出现和跨文化交际大格局的形成，已到了研究方法必须加以纠偏的时候了。

需特别强调的是,随着跨文化交际从现实的物理世界延伸到虚拟的电子空间，随着因全球化而导致的跨文化交际的全民性、广泛性、互动互馈性和复杂多样性局面的形成，跨文化交际研究更需要借助于哲学思维方法。因为哲学思维方法在各种方法中处于最高层次，它的方法论原则是具有最高概括性的哲学范畴，其特点是统一性和普遍性，具有最强的适用性，对跨文化交际研究的一般方法和具体方法都有指导意义。哲学思维方法对于学科创新的意义和价值，在一定场合下，甚至是决定性的。它不仅可以弥补资金的贫乏和设施的不足，甚至在一定条件下可以超越信息短缺的限制而在推动学科建设上取得重大的突破。爱因斯坦在一百多年前之所以能够创造人类科学史上的一个奇迹，就是他运用哲学思维方法开展研究的结果。爱因斯坦以前只不过是瑞士伯尔尼专利局一名普通的技术鉴定员，远离学术中心，缺乏资金设备，又无名师指导，然而爱因斯坦却在经典物理如何创新的科学探索中，提出了相对论。指引爱因斯坦登上科学高峰的法宝就是哲学思维方法，具体地说，就是从经典物理学中牛顿力学与麦克斯韦电磁场理论之间内在矛盾出发，并将这一矛盾形象化为一个“追光理想实验”，这一思想的出发点是哲学，而不是实验和数学。像他这样以哲学思维为出发点，独辟蹊径、高人一筹而捷足先登的科技创新大师，还有创立物质波理论的德布罗意、创立控制论的维纳、开创工程控制论的钱学森等。

可以相信，跨文化交际研究方法的更新，必将会带来跨文化交际的艳丽花朵与研究的丰硕成果交相辉映的灿烂图景。

第三节　文化全球化态势下跨文化交际研究的基本方法

在文化全球化态势下，跨文化交际面对的一系列新情况和新问题需要研究方法的嬗变和更新。跨文化交际学研究应采用的基本方法有：实证分析法、比较对照法、追根溯源法、系统整合法、本质揭长法。

一、文化全球化带来的大量经验事实需要实证分析法

实证分析法是跨文化交际研究中最基本、最重要的方法之一。

采取实证研究方法也是在文化全球化时代对复杂的跨文化交际在研究过程中的必然选择。在跨文化交际中采用实证研究方法是由跨文化交际研究对象的复杂性，以及对跨文化交际的本质和规律揭示的特殊困难性所决定的。

实证研究方法有广义和狭义两方面类型。广义的实证研究方法泛指所有经验型研究方法，如调查研究方法、统计分析方法、实地考察方法等。狭义的实证研究方法，主要指利用统计和计量分析方法对跨文化交际中的各种数据信息进行数量分析，考察影响跨文化交际各有关因素的影响及其影响方式的研究方法。

在跨文化交际研究中采取实证分析方法，就是通过对跨文化交际中的各种经验事实的观察和分析来建立和检验各种跨文化交际的理论命题。所谓经验事实，指的是可以通过人们的直接观察或间接观察被发现的确定的各种跨文化交际的事实因素。在跨文化交际研究中采取实证分析法，就要求研究者必须从客观的文化事实出发，重视调查研究和第一手资料，充分地和详尽地占有各种跨文化交际材料，探寻它们的内在联系。跨文化交际中的实证分析研究方法与法国实证主义者孔德的思想是有原则区别的。孔德认为，采取实证研究方法就是注重对事物现象的分析研究，因为现象就是实在，而事物的本质和规律是不可知的。将实证分析

方法引向了不可知论。我们认为，跨文化交际中的实证分析方法，是将对各种跨文化交际复杂现象的分析说明作为深入揭示事物本质和规律的向导，实证分析研究的最终目的是把握跨文化交际的本质和规律。

进行实证分析时常用的方法有实地调查观察法、定量分析法、统计资料和数据分析法、电脑模拟和处理法、模式建构法等，并且这些研究方法是具有内在的紧密联系的。

在当今的文化全球化时代，生产力飞速发展，科学技术日新月异，国与国之间的交往和联系日趋频繁，信息传播的速度和频率加快，新的情况不断出现。大量新的事实应进行新的概括和说明，只有采用实证分析才能保证科学研究的客观性和理论说明的真实性，才能使不符合实际的旧结论得到修正、补充和完善。

文化全球化的浪潮有力地冲破了各民族文化的藩篱，促进了全球文化的交流和沟通，填补着文化差异的鸿沟，并在此基础上形成新的文化共识，有的文化样式已成为全球通行的标准。在已出版的我不少跨文化交际研究的论著中，常常举例说明中西方文化差异的招呼语、发问语、禁忌语以及隐私观念等，随着情况的变化，有的结论已过时，有的要重新加以概括和归纳。

实践表明：其一，文化是动态的而非静态的。语言与文化随着社会的发展而发展，固定不变的现象是不存在的；其二，文化是多样的，而非单一的。并非所有中国人的交际语言都是一种刻板的形式，并非所有西方人的言行举止都是千篇一律的；其三，文化是开放的，而非封闭的。任何民族、国家的文化虽然都具有本土性，但随着跨文化交际的增多，不同的文化系统在交流中会互为补充，互相吸纳有利于自身的异域文化因素，文化间的融合现象会越来越多；其四，跨文化交际研究者都要受本国文化的影响，受本国文化所维护的信仰和价值观念的制约，有些结论会带有或然性和片面性，要在实践中不断地修正、检验、丰富和完善。因此，只有通过实证分析，才能确保跨文化交际研究成果的客观真实性。

在跨文化交际学的研究中需要运用实证分析法，也充分地说明跨文化交际学是一门开放的和动态的学科，要不断地总结新经验，概括新情况，分析新问题，得出新结论。那种以不变应万变，一招鲜，吃遍天的做法已经行不通了。当然，实证分析法也有一定的局限性，必须将其与规范研究法结合起来。实证研究法的研究主要是关于“是什么”或“怎么样”的知识体系，而规范研究法则是关于“应该是什么”或“应该怎么样”的知识体系。实证分析还更多地使认识停用在经验层面，必须与其他研究方法相结合，使认识不断发展，成为能够深入把握事物本质和规律的理性层面的知识论体系。

2. 文化全球化导致的文化多样性需要比较对照法

比较对照法是在跨文化交际研究中，根据一定的原理原则，把在特定的时间和空间条件下彼此具有某种内在联系的两个或两类以上的事物进行比较对照，以辨明其异同和特点，并从中发现其本质和规律的科学方法。

人类运用比较对照的研究方法具有源远流长的历史。早在古罗马时代，由于许多罗马作家师法古希腊作家，以他们为文学创作的楷模，所以一些学者在论述和评论中，很自然地将罗马作家和他们模拟的原型联系起来，进行一些简单的类比。著名诗人贺拉斯就是一位代表。传记作家普卢塔克的《希腊罗马名人传》，则搜集了五十位希腊、罗马名人的生平传记，除了四位独立成章外，其余四十六位均两两对照，排成二十三对进行功与过的比较。例如传说中的雅典王忒修斯和罗马王罗慕洛斯，马其顿王亚历山大和罗马名将恺撒，希腊演说家狄摩西尼和罗马演说家西塞罗，雅典政治改革家梭伦和罗马统帅、政治家苏拉等。此外，昆提利安的《演说术原理》重点比较了西塞罗和狄摩西尼；塔西陀的《演说家的对话》通过希腊、罗马演说家的对照来探讨演说术衰落的原因；莫克罗毕乌斯则在《神农节》中也用相当多的篇幅讨论了维吉尔对荷马等希腊诗人的模仿。文艺复兴时期，在人文主义思想的指导下，学习和仿效希腊罗马古典文化蔚然成风，许多作家是在中古文学和古典文学比较的基础上进行创作和研究的。如著名诗人但丁（Dante）在《论俗语》中把欧洲文学分成北、南、东三个部分，并把南部的意大利俗语文学、普罗旺斯俗语文学、西班牙文学加以对照，为自己用意大利俗语写出不朽的《神曲》做了准备。另一名意大利学者斯卡里格在《诗学》中，也用整整一章的篇幅对维吉尔和荷马、维吉尔和希腊诗人、奥维德和一些希腊作家进行了对比。比较的方法也流传到古典主义时期。17 世纪的法国诗人、批评家和学者同样以古希腊罗马文学为典范，布瓦洛和夏尔·贝洛等人动辄将当时的文学或政绩同古典时代做比较。这样的文学批评传统显然是一笔巨大的思想遗产。

比较对照的研究方法也是文化人类学研究常用的一种基本方法。研究者利用这一方法在不同的区域印证了文化的进程及结构，并且复原了原始社会的文化面貌。如英国人类学家泰勒为解释社会文化现象，收集了世界 350 个社会的资料。比较对照研究法一般分三个步骤：一是找出同类现象或事物；二是按照比较的目的将同类现象或事物编组作表；三是根据比较对照的结果作进一步分析。运用比较对照的研究方法有助于对各种类型文化异同的认识，有助于对不同民族、国家、地区文化起源和发展的普遍性与特殊性的认识。

人类社会是一个有机统一的整体，人类文化的发展具有共同的基础和层面。从人类文化的产生来看，四大文明都源于对构成人类自身生存环境的探求和解释的不同，出现了以四种文化为源头和代表的多元文化的滋长和分野。而随着全球多元文化交流的增多，文化间的相互影响也越来越大。因此文化既是同质的又是异质的。文化同质和异质相互统一的事实也是比较对照方法的根据和基础。不同文化间完全同质，就没有比较对照的必要；不同文化完全异质，就失去了比较对照研究的可能。

比较对照要从多方面进行。既可以进行纵向历时态的比较对照，如按照不同民族文化的历史发展线索和阶段，按照历史进程由低级到高级的发展进行比较对照，寻求出具有规律性的东西；又可以进行横向共时态的比较对照，如对同一时期不同的文化特点和不同的文化现象进行比较对照，既找出其同中之异，又揭示其异中之同；还可以进行斜向的比较，即超越时间的跨度，将处在不同时期的跨文化交际现象进行比较对照，如将当代中国的文化交际现象与西方 20 世纪 60 年代、70 年代或 80 年代的文化交际现象进行比较对照。

进行比较对照时，应将综合的和专题的结合起来。综合比较对刑法，是从人类文化这一整体出发，探索各种文化支系统的现状、发展和未来的趋势以及规律等重大问题。专题比较对照，则将跨文化交际中涉及的各种问题分门别类进行研究，如对语言交际、非语言交际、各种文化环境如制度、习俗、传统、价值观念、生活方式、思维方式、消费方式、社会心理、精神状态等进行专题的对比研究。通过综合比较对照与专题比较对照的有机结合，实现从整体到部分，再从部分到整体的反复，使研究既有深度又有广度。

在跨文化交际研究中运用比较对照法应注意的是：其一，不能停留在和满足于文化差异现象的枚举和具体问题的陈述上，而应从内在联系和本质上进行深层次的分析。其二，比较对照必须适当，要弄清用来作比较的材料是否能说明不同国家文化的特征。

跨文化交际学研究中采用比较对照的方法，需要做到的是：一是要不断地进行比较对照，因为跨文化交际的情况在不断地变化；二是要运用历史与逻辑相统一的方法进行比较对照，注重比较对照的时间和空间；三是现象的比较对照是需要的，但是更要注意对事物的本质特点进行比较对照。

3. 揭示跨文化交际中的文化因素需要追根溯源法

对跨文化交际中的各种文化因素的分析，不能仅仅凭借感性直观，必须从经验层面上升到理性的层面，为此，在跨文化交际研究中，就要追踪各种文化现象的历史缘由以及在历史发展过程和阶段中的表现形式。这种研究方法，就是追根溯源的方法。

不同民族、不同地区和不同国家的文化都与其不同的地域生态环境、政治、经济、历史、宗教等密切相关，都要受这些大大小小因素的影响和制约。因此，在追根溯源的研究中需要涉及这些方方面面不同的因素。

其一，从不同的地理环境入手追根溯源。地理环境对文化的影响是客观存在着的。孟德斯鸠说，气温对于人的肌肉和心脏活动能力的影响就像气温之于铁一样，使之热胀冷缩；他还说寒冷的天气使人的性格勇敢，炎热的天气使人的性格怯懦，这些都表明了气候条件对人的生理和心理素质影响的直接性和巨大性。英国是个岛国，位于欧洲西部大西洋中的不列颠诸岛上。大不列颠岛地处欧洲大陆西部的中纬度，是典型的温带海洋性气候。由于受北大西洋暖湿气流的影响，岛上的气候特点是雨量充沛，风大雾多。因而由“雨”（rain）和“雾”dog）构成的英语词汇（尤其是英语习语）在英国人的语言里出现较多。如和“rain”有关的词汇有 as right as rain（像下雨那样正确）、come rain or shine（不论情况如何）、be rained off（因雨延期）、for a rainy day（为可能碰到的困难日子作准备）、not have enough sense to come in from the rain（碰到雨都不知道进屋躲避、愚蠢透顶）等等。和“fog”有关的词汇有 fogbound（因雾受阻）、inafog（在雾里，一无所知）、have not the foggiest idea（如坠五里雾中，完全不知道是怎么一回事）等。又如在寒带地区，关于下雪（Snow）的词汇较为丰富。爱斯基摩语（Eskimo）中关于“下雪”这一概念的词汇就有十几个，以区别不同的雪。但是，在热带地区的原始语言中则没有关于“下雪”的词汇。

不同的民族和国家处在不同的地理环境中，会形成不同的国民性格和文化心理，看问题的方位和视角有时会有很大的差异，出现对同一现象“见仁见智”的不同看法。例如，对同一自然现象东风和西风的看法，中国和英国是截然相反的，中国文学中历来歌颂东风而贬斥西风，而在英国文学中则相反。曾有人以为英国诗人、作家历来歌颂西风而贬斥东风带有政治色彩。其实追根溯源，这是由地理位置和气候差异造成的，中国西部高山，东邻大海，故有“西风凛冽”和“东风送暖”之说。如马致远的“古道西风瘦马，夕阳西下，断肠人在天涯”；辛弃疾的“东风夜放花千树，更吹落，星如雨”，英国西邻大西洋，东临欧洲大陆。东风从欧洲大陆吹来，正如中国的西风。而西风从大西洋徐徐吹来，恰似中国的东风。因此，雪莱写出了著名的《西风颂》。

其二，从不同的文化传统入手追根溯源。任何文化都有自己的传统，离开传统，文化无法传承和运转。一部人类文化史实质上是一部文化的不间断的延续、发展和创新的历史。在研究现实文化中，只有不断反思传统文化，将传统文化和现实文化加以对照和比较，才能正确地探求不同文化的发生之源和发展之流。

4. 阐明多样性文化共存的实质需要系统整合法

文化是一个十分庞大和复杂的系统。广义的文化涵盖了人类所创造的一切成果。从内容上看，文化有物质、精神和行为之别；从结构层次上看，文化有表层、中层和深层之分。因此，对跨文化交际的研究必须运用系统整合的方法，从整体与部分、系统与要素、系统与环境的相互关系中把握问题。将宏观整体的鸟瞰与微观局部的剖析结合起来，拓宽研究思路，获得新的发现。

跨文化交际研究中的系统整合的方法，是系统方法在跨文化交际研究中的运用，作为一种科学方法论，系统思想和方法于 20 世纪 70 年代传入我国，并得到广泛运用。用系统整合的方法研究跨文化交际，就要求将跨文化交际作为一个整体的系统进行分析。多元文化推动的文化发展史以及跨文化交际过程，就是一个按层次和结构形成的整体系统的运动过程。运用系统整合的研究方法，对于跨文化交际的研究就应该从整体与要素（部分）、整体与结构、整体与层次、整体与环境的关系中揭示跨文化交际的本质和规律。

用系统整合的方法研究跨文化交际，首先要对跨文化交际进行整体的研究，即将跨文化交际过程视为一个整体过程，跨文化交际中的主体与客体、条件与结果、时间与空间、手段与途径、媒介与工具、情景与语境、始点与重点、共时性与历时性等，都是这个系统整体中不可或缺的重要构成部分，只有将这些重要部分连接起来，从系统整体的视角进行考察，才能深刻认识跨文化交际的各种局部及其与整体的内在联系。其次，要对跨文化交际进行层次的分析研究，即把跨文化交际这一整体系统分成若干不同的层次，通过考察不同层次的特点及各层次之间的联系，以揭示跨文化交际整体系统的全过程，进而认识其本质和规律。再次，要对跨文化交际进行结构的分析研究，结构反映跨文化交际系统内部各要素之间及其与整体的关系，考察跨文化交际的过程，首先应认识组成完整的跨文化交际的结构、结构的内容和成分，进而研究它们在跨文化交际系统整体中的地位和作用。其次，要对跨文化交际进行环境的分析，即应注意跨文化交际整体系统与周围环境之间的关系，研究跨文化交际在环境中所维持的作用平衡以及平衡的破坏和恢复，以便于考察跨文化交际过程的多变性和方向性。最后，要对跨文化交际进行动态的分析，即分析因为时间和空间等社会历史条件的变化对跨文化交际的影响，并预测这种影响对跨文化交际未来发展的作用。

第六章　跨文化交际能力的培养

第一节　跨文化交际能力的概述

语言学家及语言教学专家一直在探索人往交际的奥秘，语言是交际的主要工具，因此成为研究的用点。语言能力研究起初定位在对语言的语法、词汇、语音等构成要素的研究上，但是学者发现交际者仅有语言知识是不够的，同时还应该具有运用语言的知识和能力。运用语言的能力涉及社会范畴的知识，因此语言能力研究逐步发展成交际能力研究。

一、跨文化交际能力的定义

跨文化交际是一种交际行为，就交际的种类来看，可以是人际交流，也可以是个人与公众（群众）间的交流。个体的交际能力往往体现于个体在特定场合中得体、有效的交际行为。在跨文化交际语境中，交际双方共同点减少，差异增多，交际难度增加；影响有效交际的变量包括语言差异、文化差异、世界观和价值观等。可以将跨文化交际能力看作个体所具有的内在能力，能够处理跨文化交际中的关键性问题，如文化差异、文化陌生感、本文化群体内部的态度，以及随之而来的心理压力等。

这一看法从宏观上把握了交际能力和跨文化交际能力，交际能力体现在交际行为的“得体性”和“有效性”上，跨文化交际体现在交际场景，即在“特定场合”中。且跨文化交际能力的界定需要强调“跨文化能力”，即处理文化差异的能力，没有提到交际行为的过程（是否得体）和交际结果（是否有效）。

跨文化交际领域最重要的课题之一是跨文化交际能力的研究。跨文化交际能力是成功的跨文化交际所必需的能力和素质。

理解跨文化交际能力的概念需要考虑构成概念内容的基本要素的意义。交际技巧可以体现交际能力，但是行为本身并不是能力。能力是一种社会评价，交际能力可以表现为得体的交际行为。

行为的得体性取决于交际场景和交际对象，在某一场合中，得体的行为在其他场合可能不得体。交际能力是交际双方给对方的印象或评价，或者说，交际能力是对于交际者交际行为的社会评价。交际行为的得体性指交际者的交际行为符合交际语境中交际对象的社会文化规范和行为期待，交际双方的关系也是影响交际行为得体性的因素之一，有时人们会以违反交往规范的方式建立新的规范或关系。

跨文化交际能力除包括交配行为的得体性外，还包括交际结果的有效性。交际行为的有效性是指交际者是否实现交际目标，也有学者把有效交际看作交际能力的体现。有效，即效力，与效率相关却不相同。有效交际指成功的交际，实现交际目标的交际，代表满意；效率指交际的直接性、比即性代表速度。一般来讲，人们认为效率较高的交际会更有效，因为高效率意味着低消耗（如时间、精力等）；然而，想要实现预期的交际效果，只有效率是不行的。

交际行为的得体性和交际结果的有效性决定交际质量。交际行为不得体，交际结果无效是交际质量最低的模式；行为得体却达不成交际目标的是社交变色龙，在交际中他们不违反交际规则却也不能实现交际目标；能够实现交际目标，但是行为不得体，例如那些通过欺骗、强迫等手段，牺牲他人利益，为达目的不择手段的行为；高质后的交际是交际者既能够实现交际目标，同时交际行为又符合特定场景的文化习惯。

跨文化交际能力对口译工作的影响是显著的，口译人员跨文化交际能力的培养应从其构成要素入手，相互分解。基于以上理论，本书总结了跨文化交际能力的构成要素：知识、情感、技能和行为能力。口译员应具备足够的跨文化交际知识，对不同文化的敏感性、对跨文化交际的主动性，在特定情况下的恰当有效的交际技能，运用储备知识实现交际技能的能力。

跨文化交际能力的另一决定性因素是语境。语境是交际发生的环境、场景或场合，可指文化、交际者之间的关系、地点、交际功能等。交际要在一定的场景中进行，交际者的社会角色、交际角色和交际目的直接影响交际行为，如言语和非言语交际方式正确与否等。与相同文化背景的交际对象交际相对容易，因为双方使用相同的符号系统，彼此清楚对方在某一场景中对自己的行为期待。不同文化背景的交际者在跨文化语境中的交际要困难许多，交际者对对方文化知识缺乏足够认识，不知道自己在这一场景中的得体行为是什么，从而产生焦虑情绪；同时，对方的行为模式与自己文化对此种情境的行为规范不同，从而产生厌恶的情绪；交际知识的缺乏和负面情绪的影响从行为下表现出来——没有得体的交际技巧，没有积极的交际动机和态度。这就会导致跨文化交际失败，这也是没有跨文化交际能力的体现。

通过对跨文化交际能力的分析，我们认为，跨文化交际能力是一种内在的力量，可以通过输入跨文化交际的知识增加能力，能力通过运用技巧的方式体现于行为上，但是行为本身并不代表能力。跨文化交际能力强的交际者的交际行为要得体，即符合交际场景的社会文化规范、交际对象间的角色关系和交际功能，同时又要有效，即实现交际目的。交际的有效性代表满意度，但是有时有效的交际不能达到完全满意的效果。

理解跨文化交际能力的内涵是进一步研究跨文化交际能力构成的基础，对于跨文化交际研究和跨文化交际能力培养研究都有重要的意义。

二、跨文化交际能力的构成

跨文化交际能力的构成是规划教学内容的蓝本。跨文化交际领域最重要的课题之一是跨文化交际能力的研究。跨文化交际能力是成功的跨文化交际所必需的能力和素质。布莱恩·施皮茨贝格对跨文化交际能力有更宏观的总结，即个体的交际能力体现在个体在特定情境下的得体、有效的交际行为。施皮茨贝格认为，跨文化交际能力是指在跨文化交际语境（具体场景）中，交际者得体（符合目的文化的社会规范、行为模式和价值取向）、有效（达到交际目标）的交际行为。

由于跨文化交际是一门跨学科渗透的边缘科学，其研究人员也来自不同的学科背景，因此对于跨文化交际能力的构成要素存在着不同的看法。以下学者对他们的理论有重要影响：

金承云运用社会心理学、应用语言学和社会学的方法将跨文化交际能力分为认知能力、情感能力和行为能力。他认为这三者是相互联系、相互作用和不可分割的。

布莱恩·施皮茨贝格认为跨文化交际能力包括三个因素：知识、动机和技能。三者相互影响，相互依存。跨文化交际能力要求有足够的跨文化知识、积极的动机和有效的交际技巧。三个因素应该同时存在，没有一个能单独构成跨文化交际能力。

朱迪思·马丁与托马斯·中山编写的《语境中的跨文化交际》一书，提出了一种新的跨文化交际能力模式，该模型包括四个要素：知识因素、情感因素、心理活动特征和情境特征。

跨文化交际能力对口译工作的影响是显著的，口译人员跨文化交际能力的培养应从其构成要素入手，相互分解。基于以上理论，本书总结了跨文化交际能力的构成要素：知识、情感、技能和行为能力。

三、跨文化交际能力的功能

研究人员对跨文化交际学素养的大致分析，发现此学科可以分为两种类型，即思维修养和行为修养。思维修养指跨文化交际能力实现个人对不同文化的适应过程，行为修养则指在专门情况上的跨文化交流的能力。

（一）思维方式培养

思维方式的培养，是指个体所熟练掌握的跨文化技能，即有能力开始跨文化交流，了解不同文化，有能力达到目标，品行良好。同时，思维方式的培养还包括预测和克服跨文化潜在问题的能力，包括焦虑和犹豫情绪、偏见思维方式的培养还包括自我反省和提高跨文化交际能力的个人策略，如了解自己的文化特点、态度和交际风格，学习如何做一个好的倾听者，在交际中运用同情心和灵活性，理解文化冲突理论、社会认同理论和文化适应理论。

运用伦理学来考虑交际策略也属于思维方式的培养，即跨文化交际是建立在相对主义和普遍主义基础上的，在参与任何交际活动时，都必须遵守道德规范。萨莫瓦尔等人指出，道德规范包括寻求共同的文化特征，尊重个人情感和观念，承认不同意见的合法性，认识到所有的沟通行为都会引起反应，并对自己的行为负责。按照上述规范建立道德，将使人们成为优秀的跨文化交际者。

理解心理现象也是加强思维培养的一部分。社会认同理论和文化适应理论的研究有助于受训者理解文化的力量。例如，社会认同理论告诉我们，基于属性，同一类人自然会聚集在一起。寻找文化的共同点是分散人们对不同文化的注意力的一种方式。文化知识在语文课堂上是非常有用的，因为它可以聚集不同的人来分享和比较他们的文化，找出不同文化的共同特点。

理解和接受文化差异是文化适应心理过程的一部分。文化适应理论有助于人们理解文化差异的挑战、抵抗的特点和接受的阶段。跨文化交际的思维培养有助于受训者在工作和学习中移情应对这些文化困难。因此，一个好的培训项目应该注重文化适应理论的知识和实践。

（二）跨文化行为和交际技巧的修养

萨莫瓦尔等表示人们的交流总是在被外部影响的情境中发生的，因此任何交际的现象都是在被文化、社会和物质因素的影响中形成的。此外，所有的交际情境要求交流者能够遵循适当的交流规则，所以跨文化交流者感知交际情境的正式性、人际和谐、人与人之间适当关系因素的能力十分重要。

在此提出四种跨文化交际情境，这些情景均作为跨文化行为和交际技巧修养的发展场所。

1. 业务的环境

在业务的环境下，跨文化交际能力涉及许多外向的行为，即业务礼仪。业务礼仪关联到个人行为和人际行为的文化规则。个人行为，如招呼方式、外表、礼物的赠送和接受行为，都受文化准则的支配。人际行为准则包括适当的介绍方式、管理风格、谈判风格、决策权利和冲突解决措施，也应该根据文化的观点来遵守。

2. 国际外交的环境

许多和外交礼仪有关的行为和规则跟事务礼仪相似。国际外交的跨文化交际情况涉及不同国家之间的政治的沟通，这对于公共机构的互动有着巨大影响。因此，参与者在国际外交中的跨文化交际能力要更加严格地遵守文化规范。国际外交礼仪的失误不仅可以影响一个国家在国际中的舆论环境，而且影响国际政策的决定和执行。在国际外交环境中，对话者从事跨文化交际应该特别注意自身行为，对参与交际的国家具备透彻的知识和信息基础，以及最重要的良好的道德操守。

3. 援助工作的环境

援助工作是另一个跨文化交际情境，这需要高度的跨文化交际技巧修养，因为它涉及丰富的文化信仰系统知识和道德操守的实践。尤其在医疗援助方面，不同的文化有千差万别的医疗保健信仰体系，如生物医学系统的机械论观点或者巫术宗教系统的超自然观点。不同文化的信仰体系根据各自不同的成因或看法，理解疾病和灾害现象，基于此产生不同的疗法，从物理疗法、化学疗法到自然疗法甚至精神疗法。从事援助工作者需要发达的跨文化交际能力来尊重不同文化的人们的信仰。

4. 第二语言语教育的环境

在第二语言教育的环境上，跨文化交际代表两个方面：一方面是师生本质上参与跨文化交际的情境，教师需要注意到学生文化背景的特点和差异。在多元文化的情况下，也许更有挑战性，因为教师也要关注他们的教育方式差异，比如关系、互动、认知和动力方式，其可能在进行教学中产生文化冲突。另一方面是第二语言课程的内容以增加学生目的语言的文化意识为目标，这意味着学生接受跨文化交际能力的培养，而二语教师成为精通跨文化的交际者。当学生之间的文化背景相同时，教师可能遇到种族中心主义的挑战。这个现象是跟王永阳所谓“第三空间”理论有关的。学生想要保持自己的文化身份，但是在第三空间中，二语教室成为文化矛盾的场所，文化气氛时而为目的语言文化，时而为学生母语文化。所以，二语教师应该营造相对安全的教学环境，让二语学习者适应新的文化准则。

从某种意义上来说，二语教师具有业务经理、国际外交员和援助工作员的跨文化交际技巧，来协调全球化的课堂环境，其也成为上述职业领域的跨文化交际能力培养的中介平台。因此，二语教师不仅使用跨文化交际能力，而且也是以目的语知识和能力的形式向学生教授跨文化能力知识。于是，二语教育的跨文化交际环境成为所有的国际职业的基础，使得此环境比其他的更有重大意义。

第二节　跨文化交际能力培养的措施

一、跨文化交际能力障碍的成因

一般而言，跨文化交际中障碍的产生原因可以分为两个方面，一是客观方面，另一个是主观方面。

（一）客观原因

客观原因是指不以人的意志为转移的原因，或者说当事人主观上想把跨文化交际做好，但因为不熟悉对方的行为习惯或者其他原因而弄巧成拙，主要有三个方面的内容。

1. 文化的差异

现代化的进程加速了精神和物质产品的流通，将各个民族纳入一个共同的地球村中，跨文化交际成为每个民族生活中不可缺少的部分。然而，各个民族、国家由于历史的原因，形成了各自的宗教信仰和行为方式，这就不可避免地带来了各国文化上的差异。这是产生跨文化交际障碍的最根本的客观原因。

2. 语言的差异

语言是文化的重要载体，文化是语言形式所负荷的内容，语言与文化有着密切的联系。事实上，语言上的差异是文化差异的一种客观延伸，因为语言有着丰富的内涵，它是文化的一部分，反映出一个民族的特征，蕴藏着该民族对人生的看法、生活的方式和思维的方式。语言能力是交际能力的基础，然而具备了语言能力并不意味着具备了交际能力。如一个外国人去参加一个中国朋友的婚礼，一见到新娘子，这个外国人就出于礼貌夸奖他朋友的新娘子很漂亮，而他的中国朋友则客套地说：“哪里哪里。”其实他的意思我们中国人都明白，但这个老外却认真地说："鼻子、眼睛、耳朵、头发……都漂亮。"搞得大家哄堂大笑。在跨文化交际中类似的由于语言差异而闹出的笑话不胜枚举。

3. 非语言的差异

人与人之间的交流除了语言行为外，还有非语言行为。非语言交际行为是一种非文字的语言交际手段，也是一种传递信息、表达思想的方法，它包括使用语言和文字以外的一切传递信息的方式，如肢体动作、面部表情、衣着服饰、对时间空间的不同观念等。但是在不同的文化习俗中，这些非语言动作的含义在表达方式上也不同。一些非语言差异的形成有着形形色色的历史和社会原因，也能够从一个侧面反映出两种文化的差异。而这些差异都是跨文化交际双方很难改变的，只有通过了解、理解和接受等途径去适应这种差异。

（二）主观原因

主观原因就是与跨文化交际的参与者个人有关的原因，这里面包括的因素就比较多种多样了，主要有以下几个方面。

1. 认识上的误区

不同文化背景的人们在交际过程中最易犯的一个错误是以为对方与自己没有什么两样，一旦发现对方的行为与自己的预期相差很远，就会困惑、失望，进而出现不正常行为，造成跨文化交际的失败。在认识上的这一误区是跨文化交际失败的一大障碍。

2. 情绪上的原因

所有进入异文化环境的人都会遇到文化冲击所造成的障碍。通俗地说，一个人从一地迁移到另一地，原来自己熟悉的一套行为模式、社会关系、价值观念等被另一套新的自己不熟悉的行为模式、社会关系、价值观念所替代，因而在心理上产生焦虑，在情绪上变得不安定，甚至沮丧，这就是跨文化交际障碍产生的主观情绪原因。

还有其他一些主观原因，诸如世界观、价值取向的不同，社会地位、角色关系以及交际场合的一些因素等，都有可能使跨文化交际当事人产生异常的情绪波动和行为，从而导致跨文化交际的失败。另外，跨文化交际当事人的学历、年龄、性别、社会地位、性格、身心健康状态等都会对交际过程产生无法预期的影响，使跨文化交际充满了不确定性。

二、克服跨文化交际障碍的方法与建议

（一）避免“文化负迁移”的干扰

“文化负迁移”主要是指，当本民族的言语文化和外来民族言语中的某些文化现象产生冲突和矛盾时，人们往往以母语的文化习惯、历史背景、思维方式进行联系和对比，按照母语的思维方式进行理解，这样就容易造成文化交际的隔阂，给外语习得带来干扰。为了避免此误解，让沟通更加自然流畅，我们要避免文化负迁移对跨文化交际的干扰。

一般情况下，外语学习者在初次学习外语的时候，已经通过学习母语掌握了一定的交际能力，就会使学习外语的人形成学母语交际能力那样的思维固定模式，语言知识就会发生“正迁移”和“负迁移”两种迁移模式。“正迁移”会促进外语交际能力的提高，“负迁移”就会对外语交际能力的学习产生阻碍作用，在交际的过程中，要充分考虑语言系统内部语言单位的构成方式和其相互关系，采取不同的交际手段和方式，为不同的交际对象和交际目的进行交际。外语学习者如果具有很好的母语交际能力，在外语交际能力方面的习得就更好。所学的外语与母语的语言结构、文化背景相似度越高，交际能力的“正迁移”就越能实现。由于我们并不知道人类交际原则和交际模式在哪种程度上保持一致，而人们却大多保持母语的突出性。

（二）增强对文化差异的认识

跨文化交际的当事人必须从思想观念上充分认识到障碍现象的出现是不可避免的，是不以人们的意志为转移的，而且这也不是一件什么坏事。因为差异带来

的并不总是分歧，如能从中找到一个准确的结合点，那不仅会给两种文化，也会给整个世界带来一种更具包容意义的和谐与美丽。通过对异文化的了解，人们可以开阔视野、增长阅历，培养超越自我文化、适应新文化环境的能力。所以对待跨文化交际中的障碍必须有一个正确的态度，必须了解到每个人对异文化的适应程度都是不相同的，而且跨文化交际中出现的文化交流障碍是多方面的：既有身体上的，也有感情上的，还有思维方式上的。因此要用一种宽容的心态去面对文化差异，这也有助于当事人稳定跨文化交际时的主观情绪，避免发生过激言行。

提高跨文化交际能力，首先要了解本国文化，充分了解本国文化中的思维模式、价值观念、风俗习惯、社会制度，同时，还要客观地看待他国文化，增强跨文化意识，提高自身文化意识的敏感度，只有了解不同文化之间的差异性，才能准确地理解话语及其行为背后的含义。要保持相互尊重的原则，接受文化的差异性，只有善于与不同文化背景的人交流合作，才能实现双向的跨文化交际。

人都是在特定的语言环境中长大的，并受特定语言文化的影响。从小受特定文化的耳濡目染，就带有某种语言文化的印记，与不同语言文化背景的人进行交流时，就会遇到很多的问题。因为异语言文化和母语文化存在差异性，在我们国家很平常的现象，在异文化中就会显得很奇特甚至不能接受，这就是缺少对语言文化差异性的了解的表现。

从跨文化交际语用失误的实际情况看，很多语用失误，至少是那些可以找到根源的，除了粗心和一时疏忽以外，大部分是由母语的干扰造成的，这些干扰既有语言系统本身的干扰，也有语言文化的干扰，交际者只有从跨文化现实出发，认真地把母语和目的语进行具体比较，才能了解语误究竟错在哪里。加强不同语言之间的对比，是增进双方彼此了解的重要途径，当然也是提高跨文化交际能力的有效方法。显然，根据语用失误的来源，对比也就相应地方不同语言系统本身之间的比较，也有母语和目的语之间的文化比较。不论是语言系统本身的对比还是文化之间的比较，都是一项非常庞大的工程，但又是每个跨文化交际者的必修课。相对而言，语言系统本身（语言、词汇、语法等）的对比较之文化之间的对比更明快、更直观，也更易于操作。

1992 年，陈光磊提出了“语构文化”“语义文化”和“语用文化”三个概念，分别从动态和静态两个方面考察交际文化的因素。语构文化指结构体本身所包含的文化特点，语义文化指一种语言的语义系统所涵盖的文化内容和体现的文化心理，语用文化指语言运用和社会情境、人际关系联结起来并遵守一定的规约。交际者只有善于将母语同目的语进行对比，才能更清楚地认识它们之间的差异，才能正确分析文化交叉后的种种误解和冲突，避免跨文化交际中出现语用失误，提高跨文化交际能力。

在比较的过程中，首先我们要坚持对等的原则。对比的目的是对比不同文化的差异性，而不是对比两者的语言文化优劣，更不是评价不同语言文化之间的高低之分。法国社会学家埃德蒙 A. 莱尔在《跨国性的比较研究》中指出：“当一个观光者从高塔上观看美景的时候，他看不到塔本身，也看不到他视角中的某陛盲区，为了匡正这种观点上的差异，啡一的办法就是努力采用另一种文化观点，进入另一种精神状态和思想方式，学会像当地人那样观察那个国家，而且用那个国家的老练观察家的眼光重新考虑自己本国的问题。”首先，对比不同语言文化的成败需要排除民族的优越感、模式化和文化偏见，对比的根本目的是促进对不同文化之间的相互了解以及平等友好的交往。其次，比较的对象应该是语言文化之间的主要差异和冲突。也就是说，标准语言（如汉语普通话）及其文化特征是各民族都认可的，是大多数人在外交场合所遵循的语言和文化习俗。在对比差异和冲突时要明确，即揭示差异的目的不是扩大矛盾，而是实事求是地揭示在交际行为中可能出现的文化误解和文化冲突等差异，以得到双方相互理解，创造进行相互交往的共同基础。再次，对比的方法主要采用纵向和横向的对比。纵向是为了解释现实，横向是为了认清事物的本质。而对于跨文化交际能力来说，横向显得更重要，只有找到了差异性，才能培养出有针对性和有目的性的交际，达到更好的效果。最后，我们还要对对比的对象进行全面深入的了解。对母语和目的语的文化进行深入考察、仔细研究，从复杂的语言文化现象中找出合适的事例，并进行观察和记录。一种现象是否反映了该文化的特质，要看其是否与该文化的整体密不可分，代表一种特质的现象必须是可以从该文化背景中找到可靠依据的本质现象。当然，描写也是对比的结果，不管是明比还是暗比，只有经过对比才能描写得更充分。

（三）主动去了解对方的文化

跨文化交际的当事人在与对方面对面的交流沟通之前最好去了解一下对方的文化，了解对方不同社会背景的人的语言特征，并能用适当的语言表达。要识别对方文化特有的语言与非语言行为，并能够熟知它们的功能。在了解对方文化的过程中可以发现，人们对异文化的适应有一个起伏的过程。刚开始接触异文化时可能会有一种新鲜感和兴奋感，表面上处于适应状态；时间久了便会遇到困难、感到疲劳，产生被拒绝感和孤独感，这是危机阶段；再过一段时间便会觉得有些适应了，对一些过去无法理解的做法也能够理解了，这就是所谓的回归阶段。所以我们在了解对方文化的过程中要做好充分的心理准备。积极主动地去了解对方文化可以为成功地进行跨文化交际做好充分的事前准备，最大限度地消除由于文化差异、语言和非语言差异等客观原因所产生的交际障碍。

在从一种文化进入另一种文化，与另一种语言文化背景的人进行跨文化交际时，交际者不可能一下子对交际对象了如指掌，也不可能在极短时间内完全适应一种新的文化环境，从这一点说，跨文化交际过程本身就是一个了解与适应的过程。所以，怎样扩大跨文化交际中文化获取的渠道，全面了解异文化，尽快缩短对目的语文化适应的时间是减少或预防跨文化交际语用失误、顺利完成交际的重要途径，也是培养和提高跨文化交际能力的重要途径。

从文化获取的渠道来看，有口头的言语交际、有书面的言语交际，有宏观的、有微观的，有静态的、有动态的，有语言的、有非语言的，有直接的、有间接的……可以通过交际者的有意观察，也可以通过实地调查，还可以求助于文献等。就某一种渠道而言，还可以再划分若干个方面，比如口头言语交际中还可以分出称呼、介绍、闲聊、问候、致谢、恭维、道歉、评论、禁忌、请求、允诺、告别、电话等。只要交际者留心注意，生活中到处都是文化信息的通道，交际者要想较快地提高跨文化交际的能力，扩大信息来源的渠道是非常重要的方面，当然，在扩大文化信息通道的时候，要尽可能地多选择文化信息、密集、覆盖面广而且具有典型民族特色文化的信息通道，进入这些信息、通道后，就可以从中获取大量的能较好地提高跨文化交际能力的素材。

文学作品是生动而具体的，它提供了事情发生的背景以及场合。它的深入是因为优秀的文学作品不单单停留在表面，而是深入人物的感情和心理状态中。它涉及社会的各个方面，从古至今，从主流文化到多元文化，描写的人物从社会的最底层到达官贵族等。从这个角度来说，文学作品是其他任何材料所不能替代的，阅读文学作品的另外一个特点是读者将自身的感情和书中的任务有机地结合在一起，亲自感受人物的喜怒哀乐，进入作者营造的氛围中，在无形中汲取了文化的营养。

因此，阅读文学作品可以给人带来各种生活体验，并且接触更多的文化信息，让人记忆深刻。交际者获取文化信息的渠道越多，所获得的信息量也就越丰富，也就更加深入和全面地对该文化进行了解，他可能更快融入不同民族语言文化的环境中，并与对方沟通顺利，减少文化的语用失误。

一个人即使拥有丰富的异文化知识，了解很多的文化差异，但是在跨文化交际中，如果不会活学活用，也就不能取得立竿见影的效果。因为跨文化交际能力的获得是一个文化适应和心理适应的过程，每个人对新环境的适应表现出不同的心理适应阶段，文化差异的敏感性也是一个由浅到深的过程。

对跨文化交际者而言，他们所形成的价值观念、伦理道德和思维方式都是在本民族文化的影响下培养出来的，并逐渐形成一种固定的模式，由于存在母语的烙印，在进行目的语交流时就会产生不适应的感觉。不同的人会有不同的心理感受，时间长短也不尽相同，前后阶段也可能颠倒。这些不适应性会严重影响交际者的心理情绪和对语言的使用情况。因此，交际者在学习跨文化交际能力时，要尽可能地缩短适应异族文化的时间，提高自我适应能力，打破“自我疆界”的局面，站在对方的立场考虑问题，推己及人，从而实现“角色互换”。尊重文化的差异性，从内心接受对方的文化，要正确对待与本族文化不同的地方，用积极的心态去面对，不要存在消极的心理，更不能对对方产生仇视心理。交际者唯有培养较好的文化适应能力，才能让交际双方在面临同一事物和行为时有比较统一的观察方式和评价标准，形成一套新的共享文化和经验来阐释规则，灵活地选择适合当地条件和情况的语言和表达方式，以客观、公正的态度相互理解，以确保交际者的双向沟通。

而对不同文化背景要进行自我调整，通过提升认知能力、情感能力、行为能力等方面来提高自身的文化适应能力。在认知方面，可以通过阅读报纸杂志、观看新闻媒体资讯、查阅互联网等方式来拓宽视野；还可以通过学习一个国家的语言来深入了解这个国家的文化内涵，掌握一门外语，克服语言障碍，也是提高文化适应能力的一种方式；或者向当地国家的同事和朋友寻求帮助，请他们提供更多关于当地国家文化的信息。对于情感方面，可以通过移情的方式来加强交流、增进理解力，运用移情来理解对方的感知和处境，提高自身的容忍能力。移情是人与人沟通交流的必要条件，换言之，我们试着角色互换，从对方的视角来看待问题，换位思考，设身处地去感受对方的思想与情感，结合语言交流与非语言交流的方式来感知对方、了解对方，这样才能够避免交际偏差。在行为方面，则应该提升处理交际问题，建立和完成交际任务的能力。在交际过程中，依据对方的特点,随时调整交际方式,增强跨文化交际中的灵活性,从而有效地避免文化冲突。

（四）注意交际过程中的语言

在交际过程中应知道对不同的人必须说不同的话，这项技能的掌握对于正确处理人际关系十分重要。与对方面对面交流时要尽量避免母语的干扰，要根据话题、语境、文化背景，使用得体、恰当的语言。母语文化对我们的影响可以说是最广泛、最深刻的，用母语的逻辑进行思维和表达早成习惯。在交际过程中，我们总是有意无意地将汉语文化和汉语语用规则套用到英语上去，结果必定会产生理解上的偏差，引起对方的不快，导致交际的失败。所以我们必须对语言这个直接交流工具的使用多加注意。

为了成功进行跨文化交际，我们除了在交际前了解对方背景文化、学习对方特定语言之外，在交际过程中还应该注意礼仪上的一些通行做法，如握手、拥抱等。礼仪与交际是密不可分的两个方面，尤其是在国际交往中，一个人是否懂得对方国家的礼仪能够反映出这个人对对方的尊重程度。我们除了可以从网络、书刊等媒体中对这些知识进行获取，还可以通过邀请专家讲座、创造环境实地训练等方式加以掌握，平时应该多注意积累这方面的知识，一旦碰到需要跨文化交际的情形，我们就可以从容应对、游刃有余。

随着经济全球化的飞速发展，出国访问、留学、经商、旅游、探亲等国际交往活动与日俱增。不同的社会制度、文化背景、宗教信仰、价值观念、生活习俗等经常使得跨文化之间的交际产生障碍、冲突和误解。需要指出的是，各种文化并无好坏优劣之别，不能以某一文化的价值观念作为判断一切的标准。差异是存在的，文化碰撞是不可避免的，关键是去了解、去适应，甚至去接受。随着我国劳动力和人才流动的加快，国内的文化冲击也经常发生。因此，必须重视跨文化交际的知识，增强文化差异意识，加强跨文化训练，克服跨文化交际中的障碍，争取跨文化交际的成功。

第三节 跨文化交际的前景展望

针对前面讲述的跨文化交际的内容，我们对我国跨文化交际研究的前景进行展望，并做出进一步的分析。

第一，国内对跨文化交际的研究，大多是对具体的文化差异进行探讨，而对学科理论方面的研究就很少，因此在各个学科领域对跨文化传播研究的相关理论上，应该形成明确化的一套理论架构，使之改变只是单一探讨文化差异的现状。因此,各个学科之间的融合要更加深入,传播界的研究力度要加大,要对受众研究、效果研究和媒介研究进行借鉴，对跨文化传播研究中传播学的理论引入要增多。在跨文化交际研究中，对交际方面的研究力度还不足，进行整体梳理时，单单借助外语教学界的数据和资料，以至于对综述性的研究缺乏对对象的明确把握。研究往往借鉴其他学科领域的研究成果为研究对象，再对本学科的研究进行分析，最终得出带有明显本学科视角的结论。这些问题在对当前的研究情况下，是很难避免的，因此，我们要努力朝着有益的方面，避免此问题的发生。

第二，在和国际跨文化交际的研究中，要加大交流力度，进而缩小差距。对相关的理论研究要继续深入开展，并注重对理论引入系统性和本土化的吸收。在研究方法上，要借鉴国际经验，提高研究水平，增强对其研究的力度和深度。

第三，要将理论研究和当前的国情结合起来。由于存在文化差异性，在国内进行跨文化研究时，要在研究方法、研究视角和理论框架等方面进行调整以适应本国的发展状况。研究的范围要扩大，不能拘泥于国与国之间的交流，还要加强国内民族间的交流与合作。

第四，要对国内的学术研究进行关注，避免存在浮躁与泡沫的现象，使得研究的整体质量得到提高，还要抓住当前国内国际的形势，调整研究的方法，进而提高研究能力和学术交流水平。跨文化交际的发展要想成为一门独立的学科，必须使理论和逻辑保持一致性，并形成一个完整的体系。目前看来，中国的研究者还需要继续努力，而且对于世界跨文化交际研究者来说也是一个难题。因此，我们要吸取中外理论研究的前沿成果，试图在学科理论上得到突破。

参考文献

[1] 吴小华 . 汉语国际教育在跨文化交际中的作用探讨——评《汉语国际教育与跨文化交际能力培养研究》[J]. 中国教育学刊 , 2023（11）：144.

[2] 刘鸿 . 新媒体环境下大学生英语跨文化交际能力培养研究 [J]. 齐齐哈尔大学学报（哲学社会科学版）, 2023（10）：165—168.

[3] 瞿铮 . 小学英语教学中学生跨文化交际能力的培养模式研究 [D]. 北京外国语大学 , 2023.

[4]李睿 . 对话理论与来华留学生跨文化交际能力培养研究 [J]. 黑龙江教育(理论与实践）, 2022（08）：29—31.

[5] 张雪梅 , 黄永亮 , 李琴 . 基于跨文化交际视角的应用型日语人才能力培养研究 [J]. 陕西教育（高教）, 2022（06）：50—51.

[6] 董乐颖 . 汉语国际教育硕士全球素养培养研究 [D]. 中央民族大学 , 2022.

[7] 李杜妍 . 汉语国际教育中的跨文化交际问题研究 [D]. 新疆财经大学 , 2022.

[8] 郭玮玮 . 来华留学生文化移情能力的培养研究 [D]. 辽宁大学 , 2022.

[9] 刘荷玉 . 航海类高职学生跨文化交际能力培养研究 [J]. 江苏航运职业技术学院学报 , 2021, 20（04）：121—124.

[10] 刘亚琴 . 大学英语口语教学中学生跨文化交际能力培养研究 [J]. 现代英语 , 2021（24）：106—108.

[11] 程艳芳 . 跨文化交际中文化移情能力的培养研究 [J]. 理论观察 , 2021(05):

127—129.

[12] 李晓媚 . 基于应用导向的高校外语跨文化交际复合型人才培养研究 [J]. 现代职业教育 , 2021（15）：58—59.

[13] 鲍中举 . 跨文化交际视域下英语翻译实践能力培养研究——基于 MTI 人才培养的视角 [J]. 辽宁省交通高等专科学校学报 , 2020, 22（06）：83—86.

[14] 马慧 . 大学英语教育中的跨文化交际能力培养研究 [J]. 现代英语 , 2020（21）：96—98.